AF452952

ESSAI

SUR

LES FILIGRANES ET LES PAPIERS

EMPLOYÉS A LA FABRICATION

DES TIMBRES-POSTES

TIRÉ A :

500 exemplaires sur papier vergé, à . . . . . 1 fr. 25
25 — sur papier de couleur, à . . 3 fr. »»
2 — sur papier de Chine (non mis en vente).

Cartonnage, 75 c. en plus.

PARIS. — TYP. DE CH. MEYRUEIS, RUE CUJAS, 13. — 1867.

ESSAI

SUR LES

FILIGRANES

ET LES

PAPIERS

EMPLOYÉS A LA FABRICATION

DES

TIMBRES-POSTES

Par le

Dr MAGNUS

2e ÉDITION

PARIS

PIERRE MAHÉ

Bureaux du journal *le Timbrophile*

18, RUE DES CANETTES

—

1867

PRÉFACE

DE LA DEUXIÈME ÉDITION

—

Ce mémoire a paru pour la première fois dans *le Timbrophile* d'avril à juillet 1865. Nous ne pouvons dissimuler aujourd'hui les omissions et les inexactitudes qu'il présentait alors. Tel qu'il était cependant, c'était l'article le plus complet sur les filigranes. Aussi a-t-il obtenu les honneurs d'une traduction anglaise qui a paru dans le *Stamp Collector's Magazine* en 1866. En nous décidant à le reproduire, nous avons pensé qu'il devait être mis au niveau de la science timbrophilique, soit en redressant les fautes qui s'y étaient glissées, soit en y ajoutant les nouveautés que les journaux de timbres ont placées sous les yeux de leurs lecteurs et celles qui résultent des travaux de divers amateurs et de nos propres recherches. Nos lecteurs nous sauront gré de ces nombreuses additions.

Dr M.

Avril 1867.

ESSAI

sur

LES FILIGRANES

&

LES PAPIERS

EMPLOYÉS A LA FABRICATION DES TIMBRES-POSTES

Encore une subtilité! N'est-ce donc pas asséz de distinguer les timbres non dentelés des timbres dentelés, ceux divisés à la roulette, de ceux dentelés par la machine à piquer, les petites dents et les grosses dents, etc. Pourquoi pas les timbres gommés des non gommés ? Tel est ou à peu près le concert de récriminations et de plaintes que le titre de ce mémoire ne manquera pas de soulever. Oui, **Timbrophiles**, mais si vous prenez la peine de nous lire, vous ne tarderez pas à vous convaincre de l'utilité de ces recherches. Vous reconnaîtrez que l'étude et la collection de ces variétés sont au moins aussi intéressantes que celles des essais. Si bien souvent ceux-ci n'ont d'autre mérite que d'être rares et de se payer à prix d'or, n'est-ce pas vous rendre un grand service que de vous signaler une mine peu explorée, mais qui vous promet d'abondants produits. Vous en jugerez.

DÉFINITION. On désigne sous le nom de *filigrane* les lettres ou figures de cuivre que l'on fixe sur la forme à

fabriquer le papier, et dont la marque paraît sur la feuille
de papier. Il se dit également de cette marque (Diction-
naire de l'Académie). Inutile de dire que c'est la marque
seule qui fait l'objet de ce travail.

Ces filigranes sont employés d'ordinaire dans les papiers
timbrés d'un très-grand nombre de gouvernements. On en
trouve dans les papiers timbrés français du dix-septième
et du dix-huitième siècle. Le dessin varie à l'infini. Leur
raison d'être est d'augmenter la difficulté de la contrefaçon des timbres et d'assigner une date à l'emploi du
papier. C'est sans doute le premier motif qui a guidé les
fabricants de timbres-postes, car on trouve des filigranes
dans les premières émissions d'un grand nombre d'Etats.
Plus tard, on reconnut que la perfection du dessin et le
peu de valeur intrinsèque des timbres étaient des obsta-
cles bien plus sérieux à leur contrefaçon. Aussi à part la
Grande-Bretagne et ses colonies ne trouve-t-on plus qu'un
très-petit nombre de pays dont les timbres ont des filigranes.

HISTORIQUE. L'étude des filigranes a été négligée jusqu'à ces derniers temps. Les premiers catalogues de
timbres-postes, se contentent de signaler les papiers vergés et les filigranes des émissions de 1855 et 1856 d'Espagne. Les catalogues marchands qui les ont suivis n'en
mentionnent aucun autre. M. Rondot dans les articles
publiés par le *Magasin pittoresque* en signale un certain
nombre avec exactitude, mais il ne parle pas de ceux des
Pays-Bas, du Luxembourg, de la Belgique et du duché
de Brunswick. Cette question des filigranes est aujourd'hui
à l'ordre du jour parmi les amateurs. Nous savons que
M. Regnard s'est livré à cette étude, et qu'un *Catalogue
de l'Amateur de timbres-postes*. qui paraissait au moment où nous terminions ce mémoire (mars 1865), contient
l'indication de ses découvertes. Nous n'avions eu connaissance de ce travail que par ouï-dire. Personne n'ignore
qu'il existe dans le papier des timbres, des étoiles, des
chiffres ou des couronnes en filigrane. Mais nous ne con-

naissons pas de travail autre que celui de M. Regnard, indiquant en détail sur quels timbres on les trouve. Bien plus, nous avons vu avec surprise certains articles du plus haut intérêt par la richesse des documents, sortis de la plume du premier Philatèle de Paris, passer complétement sous silence les filigranes que portent les timbres de Western Australia et de Maurice.

Enfin, dans la mention des nouveautés faite par les journaux, on oublie en général de signaler la présence ou l'absence des filigranes.

OBJET. C'est là l'objet principal de ce mémoire. Amené par certaines considérations à changer le format trop petit de notre collection, il nous a fallu renouveler la monture de tous nos timbres. Ce travail nous a conduit à rechercher les filigranes. Mais l'étude des filigranes nous a entraîné forcément à celle des papiers. Nous avons été frappé trop souvent de la variation des divers papiers tour à tour bleutés, blancs, mi-blancs avec ou sans filigranes, pour ne pas comprendre l'indispensable nécessité de l'étude en commun des papiers et des filigranes. C'est ce qui nous a décidé à les réunir; mais en faisant l'étude des papiers, nous ne nous sommes attaché qu'à ce qui était neuf ou peu connu ou qui avait un intérêt immédiat, laissant de côté ce qui n'entrait pas au cœur de notre sujet.

Ce n'est donc ni une compilation, ni l'œuvre d'un plagiaire. C'est le fruit d'un travail patient et observateur. Notre devise est cette sentence de Bacon : *Ars tota in observatione*. Grâces au concours de l'honorable directeur du *Timbrophile*, nous avons pu compléter ou contrôler des recherches qui eussent demandé sans cela plus de temps et de dépense.

Nous avons cherché dans cette étude ce qui peut conduire à connaître les diverses variétés des timbres. Jusqu'ici, elles ont été basées plutôt sur des différences de teinte ou sur l'absence ou la présence de dentelures, voir même sur l'espèce de dentelures. Nous avons voulu montrer qu'on avait négligé un des éléments les plus importants, les filigranes, et qu'à un changement dans la teinte de la couleur, répondait le plus souvent une différence dans le filigrane. Mais avant d'entamer ce sujet, établissons d'abord en quelques mots ce que nous entendons par série, émission et tirage.

Nous rapportons le mot *série* à l'ensemble des timbres soit de même type, soit de type varié, mais toujours de valeur différente, dont l'émission simultanée ou successive sert à la même époque à l'affranchissement postal d'un pays.

La série est constituée : 1° par la conservation du type pour la série ou pour la majorité des timbres constituant la série ; 2° par la persistance de la couleur générale propre à chaque valeur de timbre. Donc l'impression en couleur sur papier blanc, substituée à l'impression noire sur papier de couleur, et réciproquement, le dessin restant le même, ainsi qu'un changement radical des couleurs, caractérisent, suivant nous, une nouvelle série. Une modification dans le ton de la couleur ou la nature du papier ou du filigrane ne constitue, au contraire, qu'un nouveau tirage. Toutefois, un changement radical ne portant que sur un seul timbre de la série ne suffit pas pour faire admettre une nouvelle série, non plus que l'addition d'une nouvelle valeur.

La série prend son nom d'après un caractère saillant emprunté soit au dessin, soit au mode d'impression et d'après les millésimes des années de l'émission et du retrait des timbres.

L'*émission* indique l'époque de la mise en service de la série ou plus particulièrement d'un timbre ajouté à la série, ou d'une modification importante à la couleur, au papier ou au filigrane.

Quant aux changements successifs qu'un timbre éprouve soit dans le papier, soit dans les filigranes, ce sont des modifications provenant des tirages. C'est à cet ordre de caractères que nous empruntons les signes distinctifs des *tirages*. L'absence ou la présence des dentelures ne sert qu'à établir des variétés dans les timbres d'un même tirage. Le mot émission s'applique donc soit à la série, soit au tirage.

Deux exemples feront comprendre la distinction que nous établissons entre les mots série et tirage. Voici, par exemple, les timbres de la Nouvelle-Zélande. Le type adopté a toujours été le même. C'est le portrait de la reine. Le dessin est le même pour tous les timbres. La partie de la légende, indicative de la valeur, varie seule. Il n'y a donc qu'une série, série formée d'abord par l'émission de trois timbres, 1 penny, 2 pence et 4 shilling, complétée par l'émission successive des timbres de 6 pence, 3 et 4 pence. Mais le papier employé est loin d'avoir été toujours le même, et nous aurons à noter des tirages sur papier bleuté, sur papier blanc sans filigrane, mi-blanc avec filigrane, papier pelure, et l'indication des filigranes nous montrera plusieurs tirages successifs.

Autre exemple. En Bavière, la première série ne comprend qu'un timbre (chiffre dans un encadrement carré). La deuxième série comprend six timbres formés d'un chiffre dans un encadrement circulaire. La couleur adoptée pour chaque timbre varie très-peu et le papier est toujours le même. Mais par suite d'une convention postale, tous les gouvernements allemands adoptent les mêmes couleurs pour les timbres de même valeur. Le gouvernement de Bavière, sans changer le dessin de ses timbres, en adoptant les couleurs de la convention, émet une nouvelle série. Car, pas un des timbres de cette troisième série n'est de la même couleur que dans la série précédente.

Ces deux exemples feront bien comprendre le sens que nous attachons aux mots : série, émission et tirage.

DIVISION. Nous partagerons cette étude en quatre parties principales :

1° Des papiers employés à la fabrication des timbres-postes.

2º Des filigranes en général.

3º Des filigranes et des papiers dans chaque pays en particulier.

4º Conclusion.

I

DES PAPIERS EMPLOYÉS A LA FABRICATION
DES TIMBRES-POSTES.

Les papiers employés à la fabrication des timbres-postes ont varié à l'infini. Tantôt on a fait usage de papiers unis, tantôt de papiers vergés. Les papiers unis peuvent être de couleur variable. Tantôt le papier est coloré dans sa pâte, et cette couleur, ainsi que l'indication de la valeur du timbre, sert à différencier les timbres qui sont imprimés en noir. D'autres fois, le papier est seulement coloré sur la face servant à l'impression du timbre : exemple, quelques-uns des timbres et essais de Suisse de la première émission fédérale.

Pour beaucoup de timbres, on s'est contenté de teinter le papier de la même couleur qui sert à l'impression des timbres, ou le papier s'est trouvé teinté par un mauvais essuyage de la planche. Souvent le papier est resté tout à fait blanc. Un certain nombre présentent une coloration bleuâtre, quelle que soit la couleur de l'impression des timbres. Cette coloration se trouve principalement dans les anciens timbres anglais. « MM. Bacon et Petch et leurs successeurs, MM. Perkins, Bacon et Cie, ont toujours imprimé les timbres de 1 penny et 2 pence sur papier blanc. Cependant on trouve beaucoup de timbres de 1 penny, surtout parmi les timbres imprimés avant 1854, dont le papier est azuré et quelquefois fortement azuré. Si l'on en remarque dont le papier n'est bleuâtre que partiellement, et dont le milieu est resté blanc, il y en a d'autres dont la couleur azurée est si égale et si franche, qu'on ne s'explique pas qu'elle soit accidentelle. Quoi qu'il en soit, on attribue à l'encre d'impression cette coloration du papier qui, dans les timbres de 2 pence, est assez rare et d'ailleurs différente (*Magasin pittoresque*). »

Nous estimons que cette opinion est vraie, mais nous la compléterons en admettant dans l'encre d'impression la présence d'une préparation décomposable par l'action de l'air ou de la lumière et déterminant un effet analogue à celui que les préparations iodées produisent sur l'amidon qui bleuit fortement à leur contact. Ce serait donc une simple réaction chimique.

Quoi qu'il en soit, cette coloration, accidentelle pour les timbres de la Grande-Bretagne, est signalée comme constante pour quelques pays. Tels sont les timbres de 1, 4 et 8 annas, deuxième émission de l'Inde, les premiers de la Nouvelle-Zélande, quelques timbres de la Nouvelle-Galles du Sud, et d'autres de la Toscane, de la Trinité et de l'île Barbade, etc.

Les papiers blancs sont quelquefois fort épais, d'un blanc pur ; d'autres sont mi-blancs et laissent passer des traces de l'encre d'impression. Quelques-uns sont glacés ou minces comme une pelure.

Beaucoup contiennent des filigranes. Nous les indiquerons à l'article suivant. Ce sont en général les papiers mi-blancs et les papiers glacés.

Enfin, quelques papiers vergés ont servi à l'impression des timbres proprement dits. Et, à ce sujet, nous devons rappeler que nous occupant spécialement des timbres, nous laisserons de côté les papiers de toutes les enveloppes timbrées, papiers souvent fournis par les particuliers et dont les filigranes, simples marque de fabrique, ne rentrent pas dans notre étude. Nous aurons soin toutefois d'indiquer celles qui pourraient nous offrir quelque intérêt, comme les enveloppes timbrées de Russie, des Etats-Unis, du Canada, de Hambourg et de la Suisse.

Quelques papiers contiennent dans l'épaisseur de la

pâte des fils de couleur appliqués pendant la fabrication, suivant un procédé appelé Dickinson, du nom de son auteur. Ces papiers ont été employés pour les timbres de Bavière, la deuxième série fédérale helvétique, dans les premières enveloppes et les timbres gaufrés de la Grande-Bretagne, et pour quelques autres pays en petit nombre. On n'en fait plus guère usage aujourd'hui que pour les timbres de la Bavière.

Les essais de timbres sont souvent imprimés sur papier pelure. D'autres sont sur papier de Chine. Quelques-uns sont sur carte porcelaine, ou sur un carton.

On a proposé à divers gouvernements, et notamment au gouvernement français des essais de timbres imprimés sur un papier contenant dans sa pâte une préparation chimique pouvant donner lieu à une réaction persistante au contact d'un pinceau imbibé d'une substance chimique spéciale. Aucun de ces projets n'ayant été adopté, nous ne les indiquerons que pour mémoire. Mentionnons aussi quelques timbres russes et des essais du Paraguay imprimés avec des couleurs à base d'aniline, préparées à l'eau ou qui, s'altérant au contact des liquides, présentent aux administrations une garantie contre l'enlèvement de l'oblitération.

II

DES FILIGRANES EN GÉNÉRAL.

Les filigranes employés dans les timbres, appartiennent à deux ordres bien distincts.

1° Le filigrane est composé d'un seul dessin, dont tous les détails occupent divers points de la feuille. Il en résulte que, suivant la partie de la feuille où le timbre a été pris, on rencontre telle ou telle portion du dessin, tandis que, sur un autre point, le timbre est dépourvu de tout filigrane, cette partie de la feuille ne répondant à aucune partie du dessin. Cette disposition se rencontre notamment dans les timbres de l'Inde. Dans la feuille du half-anna, bleu, première série, on trouve le dessin ci-contre.

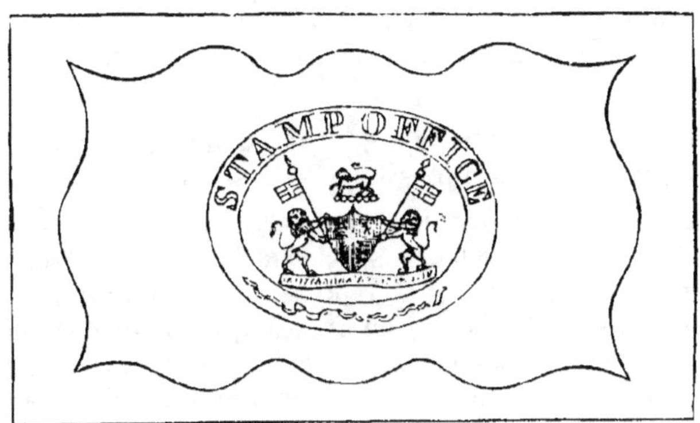

Dans la partie inférieure de l'ovale se trouve une légende indienne que nous n'avons pu reproduire que partiellement, une portion de la feuille nous manquant.

Nous indiquerons à chaque pays en particulier, ceux que nous avons rencontrés. Mais il ne serait pas surprenant que quelques-uns de ces filigranes nous aient échappé. Les filigranes officiels des enveloppes appartiennent à cet ordre.

2° Le plus ordinairement, le filigrane n'est pas constitué par un grand dessin, mais par la réunion de petits que l'on trouve reproduits sur les points que chaque timbre doit occuper. Il est entendu que la fabrication des timbres n'est pas assez soignée pour que chacun porte au milieu de l'espace qu'il occupe le petit filigrane qui lui est destiné. Aussi, fréquemment, ne trouve-t-on qu'un lambeau de filigrane. Souvent aussi le filigrane est interverti, ce qui peut faire prendre un 6 pour un 9. Quelquefois on a employé un papier destiné à des timbres d'une autre valeur.

La recherche de ces filigranes présente parfois de grandes difficultés. S'il est vrai qu'on peut très-souvent les apercevoir au jour par transparence, nous avons constaté qu'on les trouvait beaucoup mieux en appliquant le timbre sur un objet noir. De cette manière, le dessin du filigrane ressort parfaitement à l'envers du timbre.

Les filigranes que l'on peut rencontrer sont les suivants :

1° La couronne royale dont il existe plusieurs types, et dont on trouvera plus loin les dessins.

2° La couronne royale d'Angleterre surmontant deux *C*. Ce filigrane est employé spécialement dans les colonies anglaises. Les deux *C* représentent les initiales des mots Crown Colonies ; en français, Colonies de la couronne. Vers le milieu de la feuille, on trouve les mots *Crown Colonies* en filigrane. Les timbres qui répondent à ces mots peuvent donner lieu à des erreurs.

3° Une couronne de chêne ou de laurier.

4° Des emblèmes empruntés aux armoiries du pays, jarretières bouclées, fleurs de lis, fleurs héraldiques (rose, trèfle et chardon), cygne, ancre, ananas, tête d'éléphant, roses, pyramide, colombe, bonnet phrygien ou bien l'écu aux armes du pays qui émet les timbres.

5° Un cor de poste.

6° Une étoile à six branches.

7° Des boucles.

8° Des lignes, soit diagonales et se coupant pour former des losanges, soit courbes, se coupant pareillement pour former des espèces d'ovales terminés en pointes, soit ondulées mais parallèles, soit en serpentin.

9° Des lettres, soit d'imprimerie, soit anglaises de diverses dimensions. Ces dernières peuvent être entrelacées et former une sorte de chiffre.

10° D'autres fois le filigrane exprime la valeur du timbre,

soit en toutes lettres, soit en chiffres qui peuvent être de deux espèces : 1° ceux dont les pleins sont marqués par une seconde ligne ; 2° ceux qui sont indiqués par un simple trait. Nous appellerons les premiers gros chiffres, les seconds chiffres maigres pour les distinguer les uns des autres. M. Herpin désigne les premiers sous le nom de chiffres à double trait, et les seconds, chiffres à trait simple. Ces expressions nous paraissent plus logiques. Nous emploierons les deux termes indifféremment.

Ces divers filigranes sont souvent séparés par des lignes verticales et horizontales que l'on retrouve sur les limites du timbre.

Très-souvent la réunion de ces petits filigranes a lieu dans un encadrement varié, contenant ou non une inscription et notamment le mot *postage*, ou un autre analogue, que l'on retrouve sur la marge de la feuille de papier, ou sur les timbres de la première rangée.

Enfin il ne faut pas confondre avec les filigranes les marques de fabrique ou les noms de fabricants contenus dans la pâte du papier.

Nous en signalerons quelques exemples.

III

DES PAPIERS ET DES FILIGRANES DANS CHAQUE PAYS.

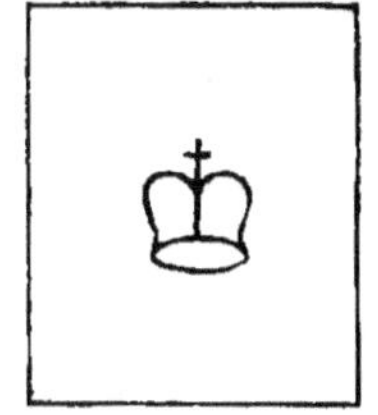

Grande-Bretagne. — Les premiers timbres de 1 penny et 2 pence portent tous une petite couronne. Ce filigrane, employé dès l'origine, dut être conservé jusqu'en 1854 ou 1855, époque où les timbres commencèrent à être piqués, car on trouve avec ce filigrane le 1 penny noir, le 1 penny rouge brique avec ses variétés de couleur, sauf la couleur amarante; le **2** pence bleu sans ligne blanche, le **2** pence avec la ligne blanche, et les deux fleurons supérieurs; mais on ne trouve qu'un très petit nombre de ces timbres dentelés[1]. Les essais à coin effacé de diverses couleurs portent ce même filigrane.

A partir de 1854 ou 1855, on trouve sur les timbres de **1** penny et **2** pence une autre couronne beaucoup plus grande et bien mieux marquée. Presque tous les timbres qui portent ce filigrane sont dentelés. Ce sont le **1** penny à deux fleurons et à deux lettres de couleur amarante; le **2** pence bleu à deux fleurons et à deux lettres; le **2** pence bleu à quatre lettres, quel que soit le petit chiffre dit millésime; le dernier timbre émis, le **1** penny, à quatre lettres, amarante foncé. Enfin l'essai officiel du three half pence, qui n'a pas été émis.

On trouve encore sur les timbres de la Grande-Bretagne deux autres filigranes, mais sur les papiers glacés seulement.

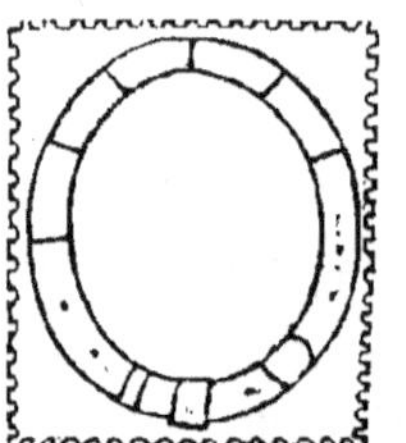

L'un est une jarretière bouclée en ovale et se trouve sur les timbres de 4 pence, soit sans lettres, soit avec lettres aux angles. On en connaît deux variétés, l'une de 17 millim. de haut sur 14 millim. de large, est sur papier bleuté, tandis que l'autre, de 22 millim. sur 19, est sur papier blanc. Nous possédons toutefois un de ces timbres sans les lettres, frappé du mot spécimen, imprimé sur papier bleuâtre épais et ne contenant pas de filigrane. Est-ce un spécimen de timbre ou un spécimen de dentelure? L'autre

---

[1] Nous avons indiqué dans notre mémoire *Dentelés et non dentelés*, que ces timbres provenaient des essais de la machine Archer proposée par cet inventeur pour le piquage des timbres.

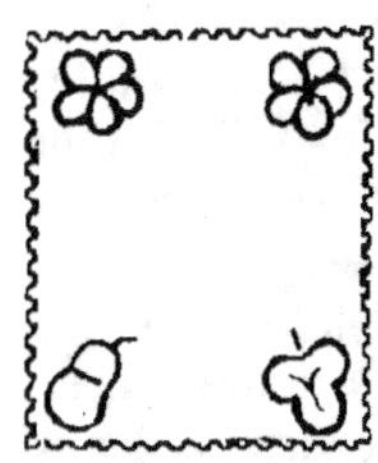

filigrane représente les fleurs héraldiques de la Grande-Bretagne, la rose, le trèfle et le chardon. On le trouve sur les timbres de 3 pence, 6 pence, 9 pence et 1 shilling, sans lettres aux angles ou avec lettres, ainsi que sur les nouvelle variétés des timbres à grandes lettres. Ces deux derniers filigranes remontent à l'année 1855, date des premiers timbres imprimés sur papier glacé.

Nous n'avons pas à parler du papier vergé des enveloppes anglaises, papier fourni par les particuliers. Toutefois, nous devons rappeler que les enveloppes portant la vignette de Mulready sont traversées de chaque côté par trois fils de couleur compris dans la pâte du papier.

Les enveloppes de 1 penny et 2 pence sans millésime présentent également deux fils, à la place occupée par le timbre.

Suède-Norwége. — Aucun timbre de ces pays ne contient de filigrane.

Russie et possessions. — Les enveloppes de Russie offrent un des plus magnifiques filigranes connus. Ce sont

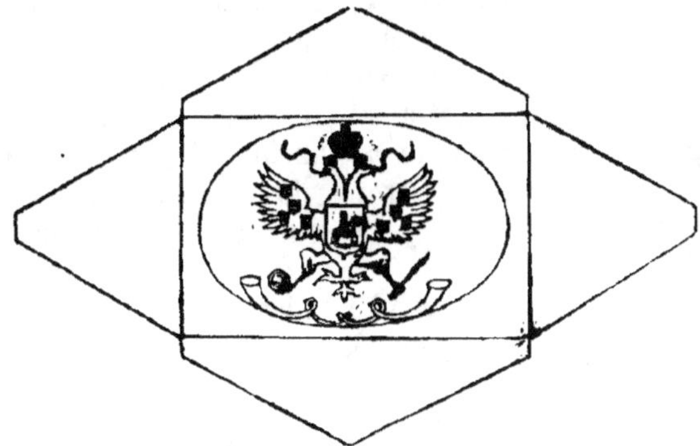

les armes de Russie entourées d'une sorte de mosaïque

analogue au dallage d'un vestibule. Ce papier est officiel. Le type que nous donnons ici est celui du 10 kop., noir, actuellement en usage. Le cadre en est ovale. A l'origine, l'encadrement était rectangulaire sur les enveloppes des trois valeurs. Les nouvelles de 20 et 30 kopecks, mises en service en 1866, ont également le cadre ovale. Le 5 kop., bleu, n'a aucun filigrane. Nous avons mentionné précédemment les timbres russes imprimés avec des couleurs à l'eau.

Pour la Pologne, le papier est formé par une sorte de damier très-remarquable.

Quant à la Finlande, nous devons rappeler un fait signalé par M. Herpin (Timbres de Finlande). C'est que pour les timbres de la première série, le papier n'est pas vergé. Aussi tout timbre, sur papier vergé, appartient-il à une enveloppe coupée. Cette distinction n'est donc pas sans importance. Ces enveloppes n'ont pas de filigrane. Quelques-unes sont en papier gris jaunâtre. Pour la série de 1856, les enveloppes sont également sur papier vergé, sauf le 5 kop. qu'on trouve sur papier vergé et sur papier uni. Les timbres au contraire sont sur papier non vergé et un peu satiné (Regnard). — M. Herpin a fait connaître une enveloppe sur papier vergé, frappée d'un double timbre, et qui porterait en filigrane une grosse fleur de lis (nous la possédons). M. Regnard signale la même particularité, mais sur une enveloppe en papier ordinaire non vergé. Est-ce la même? Nous avions à dessein négligé de rapporter ce fait, pensant alors, comme aujourd'hui, qu'il s'agit là d'une marque de fabrique française de papier, sans intérêt pour l'histoire des timbres, car on ne trouve, dans ceux de ce pays, que des étoiles et jamais de fleur de lis.

On pourrait citer un grand nombre d'exemples de filigranes de ce genre, n'ayant rien d'officiel.

Les timbres de 1860 sont sur papier teinté; ceux de 1866 sur papier de couleur; les 5 et 10 penni sur papier vergé; les 20 et 40 penni sur papier uni, ainsi que le dernier 8 penni.

Danemark. — Tous les timbres de ce pays portent  en filigrane la couronne ci-contre depuis 1851, époque de l'émission de la première série. On la retrouve dans les variétés du timbre des Antilles danoises, et d'une dimension un peu plus grande dans les timbres de la série en cours d'émission. Les enveloppes de 2 et 4 skillings émises en 1865, portent la couronne ci-contre en filigrane sur la patte.

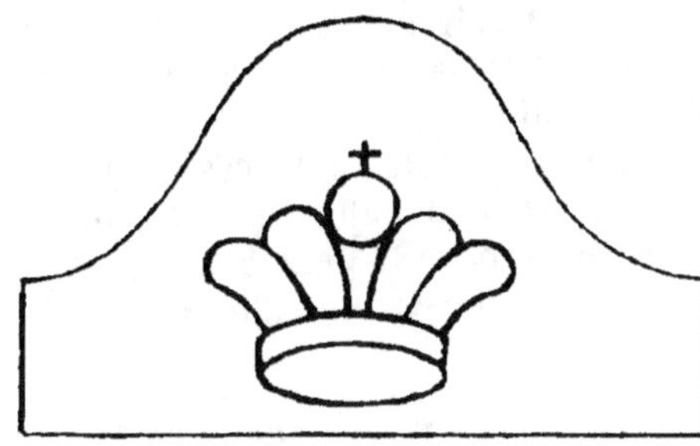

Pays - Bas. — Les timbres de la  première série portent en filigrane un cor de poste suspendu par une courroie bouclée. Ils ont été en service de 1852 à 1863. La nouvelle série ne contient pas de filigrane non plus que le timbre de l'Inde néerlandaise.

Luxembourg. — Les timbres de 10 centimes et de 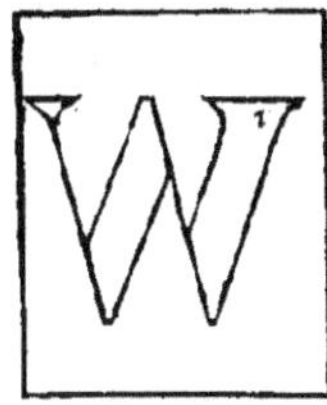 1 silbergros de la première série (1852-1859) contiennent en filigrane un W de 13 millimètres de hauteur. Ce W est la lettre initiale de Wilhelm III, en français Guillaume III, roi des Pays-Bas et grand-duc de Luxembourg. Le papier de ces timbres est mi-blanc, tandis que celui des timbres actuels est blanc et d'ailleurs ne contient pas de filigrane.

Belgique. — Les timbres de 10 et 20 centimes de la première série (portrait sans encadrement) en usage en 1849 et 1850 contiennent en filigrane deux L entrelacées  formant le chiffre du roi Léopold. On les retrouve, dans les timbres de la deuxième série de 10, 20 et 40 centimes émis en 1850. Ces chiffres, dans la seconde série, peuvent être ou non séparés par deux lignes verticales et horizontales formant un encadrement. Nous ignorons jusqu'à qu'elle époque on s'est servi de ce filigrane. Nous pouvons dire que le timbre de 1 centime, émis en 1861, et les trois autres mis en service dans ces dernières années, soit dentelés, soit non dentelés, ne contiennent plus ce filigrane. Les timbres de 1865 et 1866, à l'effigie et aux armes, sont sur papier glacé sans filigrane.

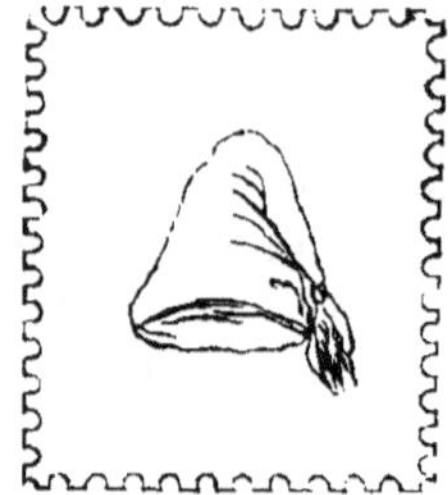

Moresnet (République de). — Les quatre timbres émis le 15 avril 1867 par cette République ou commune libre, située entre la Belgique et la Prusse, portent en filigrane un bonnet dit phrygien, faisant partie des armoiries de la commune.

France. — Le papier des timbres français est seulement teinté de la couleur employée. Ils n'ont jamais eu de filigrane. Les timbres des colonies françaises ont été fabriqués sur le même système. Quelques essais avec fil se trouvent dans les collections.

Confédération helvétique. — Les timbres cantonaux ne présentent rien d'intéressant à signaler. Quant aux timbres fédéraux, on trouve le 5 et 10 rappen de la première série (1849-1854) colorés uniformément sur la face servant à l'impression du timbre, le revers de la feuille restant blanc. Cette disposition se retrouve sur quelques essais de cette série. Les timbres de la deuxième série

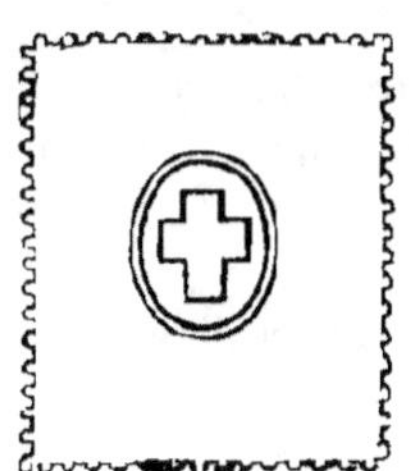

(1854-1862), Helvetia de face, présentent tous un fil de couleur dans la pâte du papier. Ceux de la troisième série (1862), Helvetia de profil, portent en filigrane un ovale représentant un écu avec la croix fédérale au milieu. Quelques timbres de 5 rappen, brun, ne portent pas, dit-on, de filigrane.

Au 1er avril 1867 a paru une enveloppe de 10 centimes

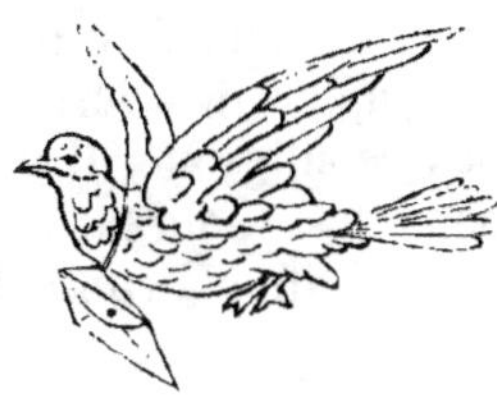

qui porte en filigrane une colombe, tenant une lettre suspendue à son col.

Prusse. — Les timbres de la première série (1850-1856), imprimés partie en couleur sur papier blanc (4 et 6 pfennige), partie en noir sur papier de couleur (1, 2, et 3 silbergroschen), portent tous en filigrane une couronne de laurier. Cette circonstance permet de distinguer les timbres primitifs des réimpressions faites en 1864.

On ne retrouve pas ces filigranes dans les séries suivantes.

Toutes les enveloppes de la première série sans inscription, contiennent dans la pâte du papier deux fils à l'endroit occupé par le timbre. Ces fils manquent dans les réimpressions de 1864.

Aucun timbre de Prusse ne contient plus ni fil, ni filigrane.

Nous indiquerons rapidement les timbres d'*Oldenbourg*, dont les deux premières séries sont sur papier de couleur, mais sans filigrane.

Les deux *Mecklembourg* n'offrent rien à signaler sur le sujet qui nous occupe.

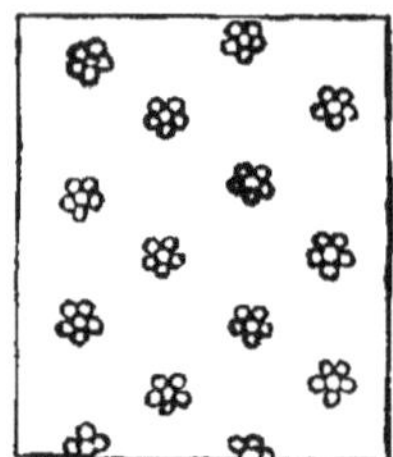

Lubeck. — Les premiers timbres lithographiés de 1859 offrent, dans le papier, un semis de roses à cinq pétales. Le papier des derniers tirages n'offre pas ce filigrane. Il n'y a rien non plus dans les timbres gaufrés ni dans le 1/4 schilling brun lithographié.

Bergedorf. — Les timbres sont imprimés sur papier de couleur.

Brême. — Le 3 grote bleu est sur papier vergé.

Hambourg. — Le papier présente, en filigrane, un serpentin. Deux courbes occupent environ l'espace destiné à chaque timbre. Les enveloppes du premier tirage étaient imprimées sur papier blanc uni; celles qui viennent actuellement portent, sur la face de l'enveloppe, et au centre un filigrane représentant les armes de la ville ; il mesure 7 cent. sur 5 1/2. (La tour de gauche porte cinq créneaux.)

Schleswig-Holstein. — Les timbres émis dans ce pays pendant la période de 1850 sont traversés par un fil contenu dans la pâte. Quant à ceux émis en 1864 et 1865, c'est aux variations dans le dessin des timbres et du burelé qu'il faut demander le moyen de distinguer les émissions successives.

Hanovre. — Les timbres de la première série (1850-1855) contiennent tous en filigrane une couronne de chêne[1]. De plus ces timbres 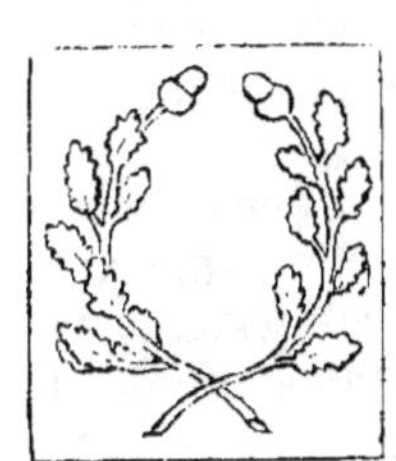 sont imprimés sur papier de couleur, sauf le 3 pfennige. La présence de cette couronne distingue le 3 pfennige rose lie de vin de cette série du 3 pfennige rose de la troisième série, réimprimé avec la même planche, mais sans filigrane. Les autres timbres de Hanovre se distinguent par la perfection et le fini du dessin. Cette circonstance rend superflu l'emploi de filigranes, vis-à-vis de la contrefaçon.

Brunswick. — On trouve en filigrane un gros cor de poste, sur tous les timbres de ce pays, sauf sur les trois premiers de 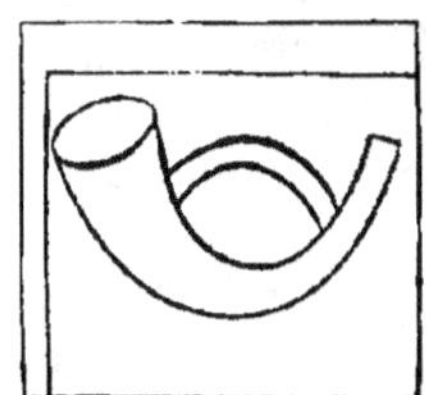 1852, imprimés en couleur sur papier blanc. Tous les suivants, depuis 1854, sur papier de couleur, contiennent ce filigrane. On le retrouve sur les 1 et 3 silbergroschen imprimés dans ces dernières années, en couleur sur papier blanc, et sur le 1/2 silbergr. noir, sur papier vert. Les derniers timbres gaufrés n'ont pas de filigrane.

La *Saxe*, le *duché de Bade*, et l'office *Tour et Taxis*, pour l'Allemagne, n'offrent à signaler que quelques papiers de couleur ayant servi à l'impression des timbres des premières séries, ou à celles des chiffres-taxe (land-post).

[1] Sauf le 1 gutengroschen bleu.

Barière. — La première série (chiffre dans un cadre carré) ne porte pas de fil dans la pâte du papier aux premiers tirages. Dans les tirages suivants, on s'est servi du papier avec fil, préparé pour la deuxième série.

Pour les 2ᵉ et 3ᵉ séries qui ne diffèrent que par l'inversion des couleurs, par suite de la convention postale qui établit dans toute l'Allemagne l'uniformité de couleur, pour chaque valeur semblable, et pour la 4ᵉ série aux armes (1867), on trouve un fil rouge tendu verticalement. Ce fil est au contraire tendu transversalement au revers du chiffre-taxe (Post taxe).

Tous les chiffres dits interpostaux de ces deux séries sont imprimés en noir sur papier de couleur rappelant celle du timbre de même valeur et de la même série, mais sans fil dans la pâte. Ce fil manque pareillement dans tous les essais sur papier que l'on possède. Quelques épreuves ont été imprimées sur carte porcelaine et le relief que présentent quelques-unes ajoute singulièrement à leur mérite et à leur intérêt.

Wurtemberg. — Les timbres de la première série (chiffres) ont été imprimés sur papier de couleur variant suivant la valeur. La teinte du papier différencie les timbres mis primitivement en service des réimpressions, ainsi qu'une disposition particulière des lettres bien connues des amateurs.

Pour la deuxième série (aux armes), on trouve au revers des timbres des premiers tirages (timbres qui sont tous non dentelés), un *fil* rouge tendu transversalement. Ce fait n'est pas noté par M. Rondot (*Magasin pittoresque*), mais il l'a été par M. Moens. L'usage de ce papier à fil a eu lieu pendant les années 1857 et 1858 et peut-être 1859 ; le timbre d'oblitération en fait foi, mais non pendant peu de temps, comme l'imprimait *le Collectionneur*. On ne le retrouve pas sur les timbres semblables non dentelés en service en 1860. Il manque à plus forte raison sur les timbres dentelés de cette série, émis en 1862, et sur la série plus récente émise en conformité de la convention postale mentionnée ci-dessus. Les timbres avec fil sont de couleur sensiblement différente de ton. Les couleurs sont plus pâles, et pour quelques-uns il est facile de suivre la dégradation des teintes. Pour le 1 kreutzer, par exemple, on peut passer insensiblement du fauve pâle, couleur primitive, au brun noir, couleur du dernier timbre dentelé de cette valeur. Quoique moins sensible, cette différence n'est pas moins évidente pour les autres valeurs.

Depuis quelques mois, on a mis en circulation des essais posthumes avec fil du 1 kreutzer. Deux diffèrent notablement de couleur. Mais le troisième, de couleur brune, se rapproche du vrai timbre, qui est pourtant plutôt fauve que brun. Mais une autre particularité les distingue. L'essai porte au revers un fil bleu vertical, et non un fil rouge transversal. Il est évident que ces timbres ont été tirés après coup, et, nous a-t-on dit, sur du papier à fil bavarois. Ce sont des produits de la grande fabrique de soi-disant essais allemands qui sont venus récemment encombrer toutes les collections les plus importantes, essais imprimés à l'aide des planches officielles, avec un luxe de variétés de couleur sur papier et sur carton.

Autriche. — Les timbres de cet empire et de ses possessions italiennes ont toujours été imprimés sur un papier fort, un peu jaunâtre. Aucun ne porte de filigrane. Les réimpressions sont au contraire sur papier blanc.

Principautés danubiennes. — La première série de Moldavie (armes dans un cercle) a été imprimée sur papier de couleur vergé sans filigrane. Les tirages subséquents ont eu lieu sur papier nuagé. La deuxième série (armes dans un rectangle) est imprimée sur papier pelure. Les plus anciens, comme le fait remarquer M. Regnard, sont tirés sur papier azuré très-peu teinté.

Le papier pelure a servi pour les timbres frappés aux armes réunies des deux principautés. Les tirages faits en 1863 et 1864 l'ont été sur papier vergé très-fin. La nouvelle série à l'effigie du prince est sur papier ordinaire, sans filigrane. Toutefois, le 2 paras orange a présenté un certain nombre d'exemplaires sur papier vergé.

Les timbres à l'effigie du prince Charles de Hohenzollern (1866) sont sur papier de couleur.

Servie. — Les timbres de 1 et 2 paras aux armes, émis en 1866 comme essai, et dont l'usage a été de peu de durée, sont imprimés en couleur sur papier blanc dont la face a été préalablement colorée comme pour les timbres fédéraux suisses de la première émission. Les timbres à l'effigie du prince Michel Obrenowicht ont paru d'abord sur papier ordinaire. Les 10, 20 et 40 paras sont actuellement sur papier pelure.

Turquie. — Les timbres et les chiffres-taxe de la première série (1863) ont été imprimés sur papier pelure de couleur. Un deuxième tirage, en 1864, a eu lieu sur papier fort et coloré sur la face imprimée seulement pour les timbres de 20 paras et d'une piastre. Les timbres de la deuxième série sont imprimés sur papier blanc et n'ont pas de filigrane. Les timbres de la poste locale de Constantinople sont sur papier de couleur, ainsi que les chiffres-taxe de 10 et 20 paras. Les deux autres sont sur papier blanc.

Grèce. — Les timbres grecs ont été imprimés comme les timbres français sur papier blanc teinté de la couleur du timbre. Un certain nombre porte au revers le chiffre de la valeur imprimé de la même couleur que le timbre, moyen proposé par M. Barre. On a l'habitude de distinguer deux tirages de ces timbres : le tirage de Paris et le tirage d'Athènes. Les épreuves du tirage de Paris, soit d'essai, soit mises en service, ne portent pas de chiffre au revers. Le 10 lepta seul parmi les timbres en service portait cette valeur en gros chiffre. Parmi les timbres du tirage d'Athènes, les 1 et 2 lepta n'ont pas de chiffre.

Tous les autres ont un chiffre valeur imprimé au revers, mais en caractères moins gros que ceux du 10 lepta du tirage de Paris. Nous mentionnons cette circonstance bien connue parce qu'elle peut être assimilée aux filigranes.

Iles Ioniennes. Les timbres de la série unique 1860 sont imprimés sur papier mi-blanc. Le jaune, valeur 1 obole ou 1/2 penny, ne contient pas de filigrane. Le bleu, valeur 2 oboles ou 1 penny, porte en filigrane le chiffre 2 en gros chiffre. Le rouge, valeur 4 oboles ou 2 pence porte en filigrane le chiffre 1 en gros chiffre. Pourquoi ce chiffre au lieu d'un 4, si l'on compte par oboles, ou pourquoi le 1 ne se trouve-t-il pas sur le timbre jaune qui vaut une obole? La première pensée a été celle d'une erreur de valeur reproduite successivement dans tous les catalogues. Mais en voyant le fait consigné de la même manière dans l'article de M. Rondot, il ne peut y avoir de doute à ce sujet.

Devons-nous rapporter ici des faits que nous tenons de M. Rondot lui-même, relativement au filigrane. L'exactitude incontestée des détails rapportés par cet observateur, nous a paru militer en faveur de leur reproduction. D'après une version, à l'origine, les timbres des îles Ioniennes portaient dans le papier trois chiffres différents, 1, 2 et 4 correspondant à leur valeur en oboles. L'hostilité systématique des Ioniens contre le protectorat anglais ayant rendu l'emploi des timbres à l'effigie de la reine à peu près nul, on cessa d'apporter l'attention ordinaire à leur impression qui eut lieu sur papier de n'importe quel filigrane. Suivant une autre version, l'impression de ces timbres aurait toujours été faite au hasard, sur un papier avec ou sans filigrane. Si l'une de ces deux opinions était exacte, on aurait dû trouver dans le premier cas une série ancienne dont les filigranes répondraient aux valeurs des timbres imprimés dessus. Dans le second, on devrait trouver toutes les valeurs de timbres avec n'importe quel filigrane. Or toutes les recherches suivies par nous, nous ont démontré la constance des dispositions suivantes.

Timbre jaune, 1 obole, pas de filigrane.
—   bleu, 2 oboles, chiffre 2 en filigrane.
—   rouge, 4   —   — 4   —

Nous recevrons avec plaisir l'explication de cette anomalie [1].

Malte. — Le premier tirage en 1861, du timbre de cette île était sur papier blanc sans filigrane. Sur beaucoup de ces timbres, le papier a pris une teinte bleuâtre semblable à celle des timbres anglais. Le tirage fait depuis 1863 est sur un papier contenant en filigrane CC et couronne, type ci-contre.

Deux-Siciles. — Les timbres de Sicile, au portrait du roi Ferdinand II, ne contiennent aucun filigrane. Ils ont été imprimés sur un papier teinté, ou cette coloration tient au mauvais essuyage de la planche. Les timbres aux armoiries napolitaines, série émise en 1858, présentent très-souvent des fleurs de lis ou portions de fleurs de lis. Sur beaucoup en n'en trouve pas. Sur le timbre bleu 1/2 tornèse à la croix de Savoie que nous possédons, nous avons trouvé des traces de filigrane où nous avons cru lire les lettres GNO, sous une ligne transversale. Ce ne serait évidemment qu'un fragment du mot *Regno* et d'une inscription plus complète. Le filigrane des timbres napolitains entrerait donc dans la classe des filigranes formés d'un seul dessin dont les diverses parties occupent la feuille.

Etats de l'Eglise. — Les timbres romains sont imprimés sur papier de couleur, sauf le 8 et le 50 bajoques et

[1] Cette explication, demandée dans la première édition de ce mémoire, ne nous a pas encore été fournie.

le scudo qui sont imprimés en couleur sur papier blanc. Tous sont sans filigrane. C'est donc la nuance du papier qui varie avec les tirages. Il existe plusieurs variétés de timbres de 1/2 baïoque, 2, 4 et 6 baïoques.

Romagne. — Les timbres du gouvernement provisoire des Romagnes et leurs essais connus sont imprimés sur papier de couleur. Comme pour les précédents, il n'y a pas de filigrane dans le papier.

Toscane. — Le premier tirage, en 1852, des timbres de Toscane (Lion) a eu lieu sur papier bleuté, avec filigrane composé de couronnes ducales de grand modèle, occupant l'espace de plusieurs timbres, reproduites un certain nombre de fois et séparées les unes des autres par trois lignes parallèles. On trouve donc sur ces timbres soit des lignes droites, soit des courbes, soit des ronds, ces deux dernières figures représentant les bandeaux et les perles de la couronne.

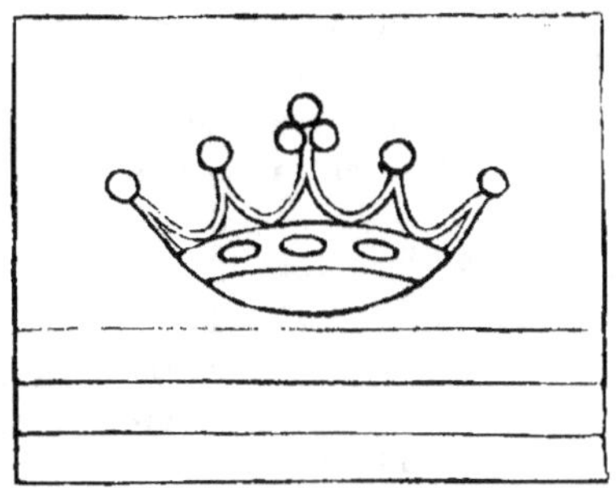

Nous avons rencontré ce même filigrane, mais sur papier blanc pour les timbres de 2 et 6 crazie bleu et 4 crazie vert. Nous ne pensons pas que ces trois timbres aient subi d'altération. Un autre timbre de 2 crazie est sur papier blanc, mince comme une pelure, mais il est difficile de déterminer quel filigrane il porte ; probablement une couronne ducale.

Le second tirage en 1856, est sur papier blanc, dont le filigrane diffère. Il est formé de lignes verticales ondulées,

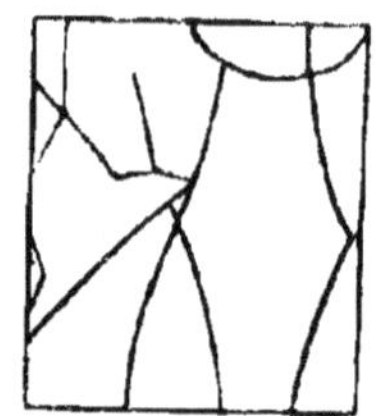

se coupant à peu près de trois en trois centimètres, et formant ainsi des mailles ou des ovales terminés en pointe. Sur ce fond filigrané, on aperçoit, sur un certain nombre de timbres, des lettres ou des fragments de lettres appartenant à une inscription disposée probablement sur des lignes courbes, ainsi qu'il résulte de la disposition de ces lettres par rapport aux lignes ondulées du fond.

Les lettres que nous avons pu reconnaître distinctement sur les timbres à notre disposition sont des F, A, C, O, L, S, E, et les fragments sont analogues à celui qui sert de spécimen et que nous rapportons à des lettres contenant un plein et dans ce cas particulier PO ou TO.

Quant à l'inscription, l'étude des lettres nous porte à la considérer comme étant celle qu'on trouve imprimée dans l'encadrement des timbres, *Franco bollo postale toscano*. La difficulté de se procurer une feuille entière ou d'en reconstituer une avec des timbres, explique le doute avec lequel nous émettons cette opinion. Quoi qu'il en soit, la présence en filigrane de ces lignes ondulées de fragments de lettres est le caractère du tirage sur papier blanc des timbres de Toscane. C'est sur ce même papier à filigrane qu'ont été tirés, en 1859, les timbres du gouvernement provisoire (aux armes de Savoie). Quelques essais ont été tirés sur papier blanc sans filigrane, et sur papier de couleur, mais avec impression noire, dans ce dernier cas.

Il existe un timbre de forme circulaire imprimé en noir sur papier pelure, qui, une fois gommé, a une grande analogie avec le papier végétal. C'est le *Bollo straordinario per le Poste, 2 soldi*. Ce timbre, comme le tassa gazette de Modène, était une espèce de chiffre-taxe apposé sur les journaux provenant d'Autriche, créé en 1854, par mesure de représailles pour la surtaxe dont cette puissance prétendait frapper les journaux au mépris d'une convention contraire conclue en 1851.

Parme. — Pas de filigranes. Impression des timbres sur papier blanc ou sur papier de couleur, suivant la série.

Modène. — Un seul timbre du duché, le 1 lira, porte un filigrane. C'est un A majuscule de dix millimètres de haut qui est reproduit derrière chaque timbre. Des lignes verticales et horizontales en filigrane, répondent aux intervalles des timbres. Nous n'avons pu trouver les motifs qui ont présidé au choix de ce filigrane.

Sardaigne et Italie. — Les timbres de Sardaigne des trois premières séries n'ont pas de filigrane. Ceux de la deuxième sont gaufrés sur papier de couleur. Les timbres de la quatrième série (portrait gaufré, cadre de couleur, inscription blanche), émis pour le Piémont d'abord et ensuite pour toutes les provinces septentrionales du royaume d'Italie, et ceux de la même époque, et très-analogues, des provinces napolitaines du même royaume, n'en ont pas non plus. Ils sont imprimés sur papier blanc.

Ceux de la série de 1863 (portrait ou chiffre imprimé en couleur) sont sur papier blanc glacé et ont tous en filigrane une grosse couronne, y compris le timbre de 2 et de 20 centesimi émis en dernier lieu. Les essais de couleur de cette série, du moins ceux du 5 centesimi et du 2 lire que nous avons pu voir, sont sur papier au même filigrane.

Sur les essais proposés à l'époque du concours, nous avons trouvé quelques faits à signaler. Sur un essai aux

armes de M. Sparre, du 15 centesimi
vert, existe en filigrane l'écu de Savoie
surmonté de la couronne. On retrouve
ce filigrane sur un essai du 40 centesimi
bleu. Sur un autre essai du 15 centesimi, se trouve gaufrée en creux, au revers, une petite couronne dont l'usage
est évidemment le même que celui des
filigranes et que nous en avons rapproché pour ce motif.
Un dernier essai est sur papier pelure.

Espagne. — Tous les timbres d'Espagne sont sur papier blanc. Les dernières émissions, depuis celle de 1860,
sont teintées. Le papier de couleur n'a servi que pour les
timbres de Correo Official. On ne trouve de filigrane que
pour la série de 1855-1859; mais ici il faut distinguer
trois tirages.

Le tirage de 1855 a eu lieu sur papier vergé bleuté.

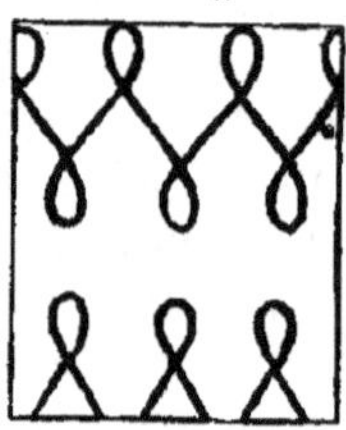

On trouve en filigrane des boucles sur
deux lignes ainsi disposées. Nous mon-
trons dans le haut du timbre la figure
du dessin entier; à l'impression, le papier se trouve posé de façon à ce que le
filigrane soit partagé comme on le voit
au bas de notre *fac-simile*.

Le tirage de 1856 a eu lieu sur papier
vergé blanc jaunâtre. On trouve en filigrane sur ces timbres des lignes diagonales se coupant à angle presque droit et
formant de petits losanges par leur en-
tre-croisement.

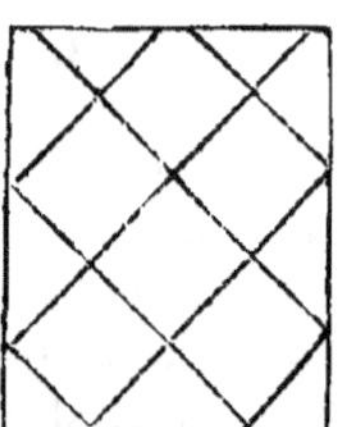

Le tirage de 1857 et années suivantes, a eu lieu sur papier mécanique blanc
sans filigrane. C'est donc par les filigranes que l'on peut le
plus facilement distinguer les trois tirages de cette série.

Cette circonstance est connue depuis longtemps des
amateurs. On retrouve cette même disposition dans les
timbres de Cuba et de Porto-Rico des années similaires

dont le dessin est absolument le même et qui ne diffèrent des timbres espagnols que par l'inscription de la valeur en monnaie du pays (real plata).

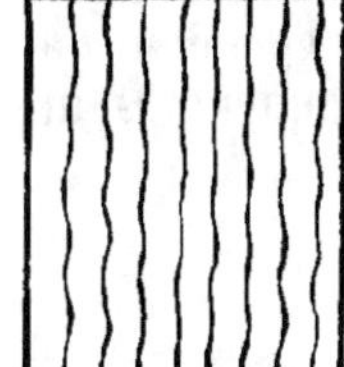

Sur quelques essais de couleur du 4 cuartos de cette même série, on trouve en filigrane des lignes ondulées tracées parallèlement de 2 en 2 millimètres dans le sens vertical du timbre. Des essais de Cuba, de la même série, sont sur papier vergé.

Portugal. — Pas de filigrane dans les timbres de ce pays, tous gaufrés et imprimés en couleur sur papier blanc.

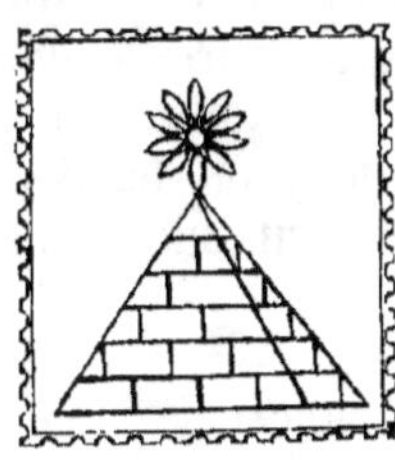

Égypte. — Les timbres sont sur papier portant en filigrane une pyramide surmontée d'une marguerite à neuf fleurons, excepté le 1 piastre qui est sur papier ordinaire. C'est ce dernier papier qui a servi pour les essais.

Sainte-Hélène. — Le 6 pence émis primitivement seul en 1859, soit non dentelé, soit dentelé, porte en filigrane

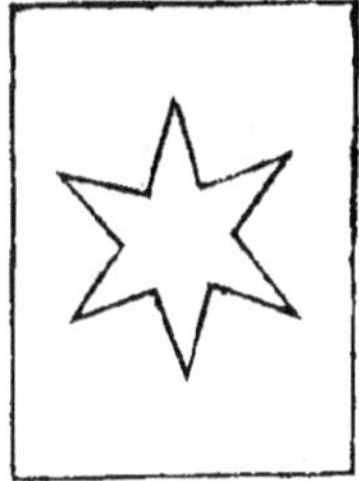

une étoile à six branches que nous retrouverons sur les timbres d'un très-grand nombre de colonies anglaises. Les timbres émis postérieurement, en 1863, de 1 penny et 4 pence non dentelés et dentelés et le 1 schilling dentelé, fabriqués avec la planche du 6 pence, avec simple changement de couleur, la valeur étant imprimée en noir par un tirage typographique dans le bas du timbre, portent en filigrane deux C surmontés de la couronne royale d'Angleterre. (Voir *Malte*.) Le 6 pence ne présente pas encore ce filigrane.

Sierra-Leone. — Le timbre unique de ce pays, et ceux de *Liberia*, n'ont pas de filigrane.

Cap de Bonne-Espérance. — La recherche du filigrane de ces timbres offre de grandes difficultés. Cependant nous y avons trouvé une ancre très-visible sur quelques-uns,

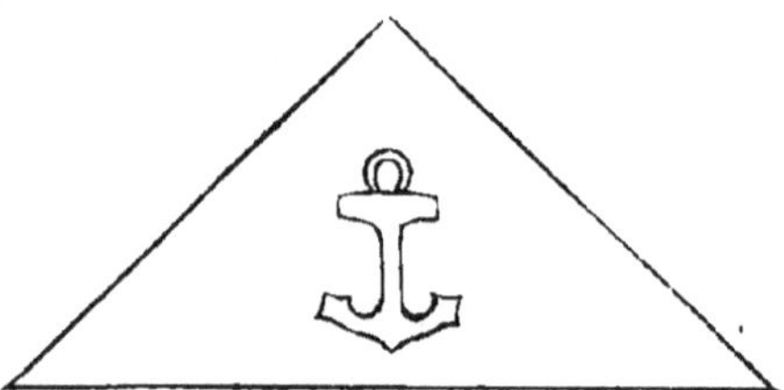

indéchiffrable sur le plus grand nombre. Les timbres lithographiés sont sur papier vergé. Quelques rares exemplaires du 4 p. font seuls exception. Les timbres de la nouvelle série rectangulaire, portent en filigrane les deux C avec la couronne. (Voir *Malte.*) Ils sont sur papier glacé.

Natal. — Les timbres gaufrés de la première série sont sur papier de couleur.

Les timbres de la deuxième série, imprimés en couleur, doivent être distingués ainsi :

Premier tirage, papier blanc avec étoile : 1 penny brun, 3 pence bleu, et probablement 6 pence gris lilas. Les timbres de 3 et de 6 pence ayant été les premiers emis, nous a-t-on affirmé, il n'est pas étonnant que ces timbres avec étoile aient été plutôt hors de service.

Deuxième tirage, papier mi-blanc sans filigrane : 1 penny brun foncé, 3 pence bleu, 6 pence gris lilas.

Troisième tirage, papier avec CC et couronne: 1 penny rouge foncé, 6 pence lilas mauve. Le 3 pence ne tardera sans doute pas à paraître.

Ile de la Réunion. — Les timbres sont tirés sur papier

azuré sans filigrane. Les réimpressions sont un peu plus teintées.

Maurice. — Les timbres de la première série (portrait gravé à la pointe sèche), premier type (diadème), sont imprimés en couleur sur papier blanc et sur bleuté sans filigrane. Les timbres du 2ᵉ type (bandeau avec aigrette) sont sur papier blanc, ceux du 3ᵉ (bandeau seul) sur papier azuré. Les deux timbres de 1 penny et 2 pence à l'entourage grec, sont sur papier vergé très-fort.

Les timbres à la Britannia avec ou sans désignation de valeur, sur papier mi-blanc, n'ont pas de filigrane.

Le premier tirage des timbres à l'effigie de la reine, sur papier glacé, a eu lieu en 1861 sur papier sans filigrane. Depuis l'adoption des timbres de 3 pence et 5 shillings (1863), le tirage des autres timbres antérieurs de la même série a eu lieu sur papier portant en filigrane deux C et la couronne. (Voir *Malte*.)

Inde anglaise. — Un examen superficiel de ces timbres fait croire, au premier abord, qu'ils n'ont pas de filigrane. Nous avons indiqué, à l'article des filigranes en général, que ces timbres avaient un filigrane composé d'un grand dessin occupant certaines parties de la feuille seulement : que, par suite de cette disposition, les timbres qui ne se trouvaient pas à l'endroit occupé par le dessin, étaient dépourvus de filigrane. Nous avons donné le dessin du filigrane de la feuille du half anna bleu de la première série. Il représente les armes de la Grande-Bretagne. Nous admettons qu'il en est de même dans les feuilles destinées aux autres valeurs de la même série, car nous avons retrouvé sur ces timbres tantôt l'absence complète, tantôt des fragments de filigrane. Nous ne pouvons affirmer que le dessin soit absolument le même, quoique cela soit très-probable.

Sur la série actuelle en feuille, nous n'avons pas trouvé de disposition analogue des filigranes. Cependant un 2 annas, jaune orange, le seul de notre collection, porte

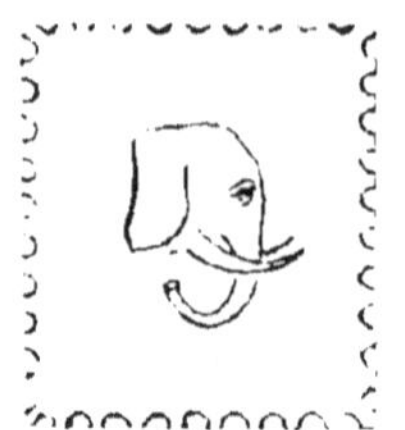

en filigrane une ligne verticale et la moitié d'un S coupé verticalement, fragment très-probable d'une inscription contenue dans le papier. Nous n'avons pu trouver rien d'analogue sur d'autres timbres. La même série est maintenant imprimée tout entière sur papier portant en filigrane une tête d'éléphant, excepté le **6 annas** provisoire, de grande dimension, qui est sur papier uni.

Ceylan. — Tous les timbres non dentelés ou dentelés émis dès 1857 et formant la grande majorité des **timbres** de Ceylan, sont sur papier mi-blanc et ont en filigrane une étoile à six branches. (Voir *Sainte-Hélène*.) On trouve aussi un 6 p. brun-violet sur papier bleuté avec étoile. Il n'y a qu'une seule exception pour le timbre de 1/2 penny, imprimé sur un papier blanc teinté, quelquefois bleuté, glacé et sans filigrane. On en connaît deux variétés : dentelé et non dentelé. Nous noterons encore sur papier mi-blanc : un **4** penny bleu, un **5** pence brun, un **6** pence brun foncé, un **9** pence brun et un **4** shelling lilas, dentelés, sans filigrane du moins apparent. Enfin une série nouvelle avec la couronne surmontant deux C, émise à partir de 1864, et dont nous avons rencontré : le 1/2 penny sur même papier; le **4** penny bleu-noir, **2** p. vert, 4 p. rose, 5 p. brun, 5 p. vert sale, 6 p. brun noir, 8 p. marron, 9 p. bistre brun, et le **2** shillings bleu indigo. C'est le même filigrane que présente le nouveau timbre de 3 p. On doit donc espérer qu'au fur et à mesure des réimpressions les timbres de Ceylan présenteront ce filigrane.

Hong-Kong. — Les sept timbres émis en 1862 sont imprimés sur papier blanc, sans filigrane. Les trois derniers émis en 1863, savoir : 4, 6 et 30 cents, sont avec filigrane, les deux C avec la couronne. (Voir *Malte*.) On a signalé des variations dans les couleurs de plusieurs des anciens timbres. Tous portent actuellement le double C et la couronne. Un 8 cents imprimé en jaune porte en filigrane un chiffre de grandeur moyenne.

Luçon. — Pas de filigrane, même sur les timbres imités de la série de 1855 d'Espagne. On a fait usage des 1 et 2 reales sur papier vergé bleuté avec les boucles en filigrane et peut-être des mêmes valeurs avec les losanges sur papier mi-blanc. (Voir *Espagne*.)

Victoria. — Les premiers timbres représentant le buste de la reine et le 2 pence brun (reine sur le trône) ne contiennent pas de filigrane. Il en est de même des timbres à effigie avec les mots POSTAGE STAMP sur les côtés, valeur 6 p. orange, 2 shillings vert (les timbres *Registered* et *Too Late* présentent avec ce type la plus grande analogie), et de celui dans un cercle inscrit dans un octogone, valeur 1 shilling bleu. Le 1 penny vert et le 6 p. bleu (reine sur le trône) portent une étoile. Il faut arriver aux portraits de la reine dans un médaillon pour rencontrer des filigranes, et dès lors la variété dans le dessin ne manque pas. Cette série est constituée par plusieurs types suivant les valeurs, que l'on peut rapporter à quatre :

1er type. Portrait dans un médaillon ovale, avec ornements aux angles; valeur, 1 penny vert, 2 pence violet (très-varié), 4 p. brique ou rose.

2e type. Même dessin sans ornements dans les angles; valeur, 1 penny vert pâle.

3e type. Portrait dans un médaillon sans ornements, mais avec un petit chiffre ressortant en blanc sur l'impression de couleur; valeur, 3 p. bleu, 3 p. lie de vin, 4 p. rose, 6 p. orange, 6 p. noir.

4e type. Portrait dans un médaillon ovale sans ornements, mais avec gros chiffres sur les côtés et légende imprimés en noir; valeur, 6 p. noir.

5e type. Portrait dans un médaillon ovale portant la légende, chiffre au milieu de chaque côté; 6 pence bleu; 10 p. gris bleu; 10 p. rouge; noir sur couleur.

6e type. Portrait dans un médaillon ovale portant la

légende; chiffres aux quatre angles; couronne de chaque côté de l'ovale; 3 pence violet sur blanc.

Voici quel a été l'emploi successif des papiers :

Timbres avec filigrane représentant une étoile. (Voir *Sainte-Hélène*.) Nous avons rencontré les 1 penny et 4 p. 1er type tous non dentelés. Le 2 p. violet, admis par M. Herpin, est contesté par nous comme par la plus grande majorité des collectionneurs.

Timbres sur papier blanc, 1 et 2 p. 1er type, non dentelés, percés et piqués.

Timbres sur papier vergé horizontalement ou verticalement, 2 et 4, p. 1er type, percés; 1 et 4 p. 1er type, piqués; 3 p. bleu, 3e type, piqué.

Timbres avec valeur inscrite en toutes lettres. Ce sont les timbres suivants tous dentelés : le 1 penny, 1er et 2e types; le 2 pence violet pâle, 1er type; le 3 pence bleu, 3e type; le 4 pence rose, même type, le 6 pence avec les mots : Postage Stamp sur les côtés, noir; le 6 pence orange et le 6 pence noir, 3e type; le 6 pence noir, 4e type.

Signalons ici un 2 p. imprimé sur le papier du *three pence* et un 4 p. (3e type) portant obliquement l'inscription FIVE SHILLINGS, lequel n'est qu'un timbre imprimé sur la bordure de la feuille qui porte cette inscription.

Avec un gros chiffre en filigrane, nous n'avons ren-

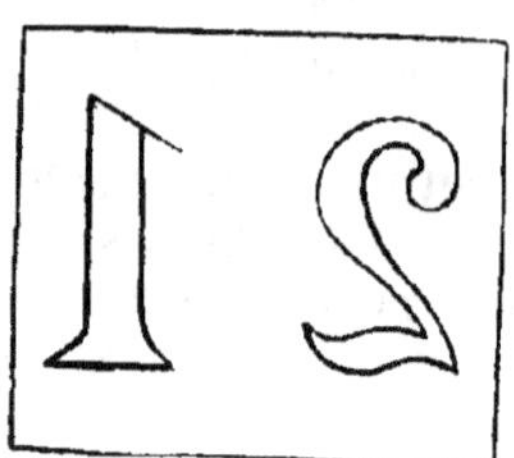

contré que le 1 penny vert, sans ornements, et le 4 pence

rose carmin actuel, tandis qu'avec le chiffre maigre, nous

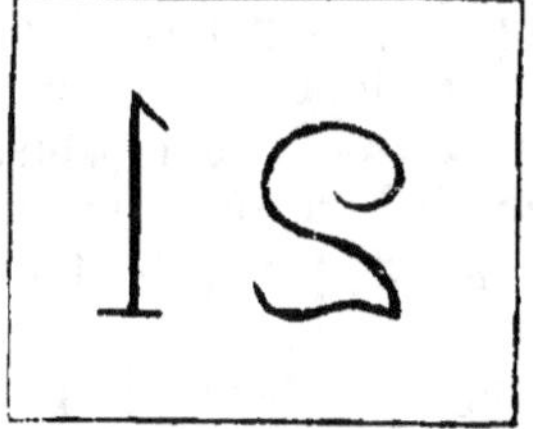

pouvons signaler : le 1 penny vert, 2e type; le 2 pence violet, 1er type; le 4 pence rose, 3e type; le 6 pence noir, 4e type, et les timbres parus de la série nouvelle en émission présentement. On rencontre pourtant des 1 penny (2e type), 4 p. (3e type), 4 p., série nouvelle, imprimé sur papier uni sans filigrane; et parmi les timbres de 1866 on doit signaler trois exceptions, l'une un 3 pence rouge vineux avec valeur en toutes lettres, l'autre un 3 p., type nouveau, portant en filigrane le chiffre 8, et enfin un 2 p. violet portant en filigrane un 4 chiffre maigre.

Nouvelle-Galles du Sud.—La première série des timbres (vue de Sydney) ne contient pas de filigrane. Elle se présente sous deux aspects différents. Tantôt le papier est bleuté, tantôt il est blanc. La teinte du premier donne aux timbres les tons suivants : 1 penny carmin foncé ou vineux : 3 pence vert myrte; tandis que le papier blanc ou jaunâtre donne les tons : 1 penny, carmin vif, 3 pence vert jaunâtre. Le 2 pence bleu ne diffère que par la couleur bleutée générale du timbre, couleur des plus évidentes au revers pour les trois valeurs.

Nous avons aussi trouvé un tirage sur papier vergé blanc, 1 penny rouge, 2 pence bleu et 3 pence vert jaune (ce dernier demande confirmation). Ces faits ont passé inaperçus pour l'auteur de l'article sur les timbres de la Nouvelle-Galles du Sud, article d'ailleurs si intéressant.

Nous signalerons plus loin d'autres omissions.

La deuxième série (tête laurée) a été tirée d'abord sur papier bleuté. Ces timbres n'ont pas de filigrane et sont au nombre de cinq : 1 penny, carmin foncé ; 2 pence, bleu ; 3 pence, vert foncé ; 6 pence, brun ; 8 pence, orange. Un second tirage, sur papier très-peu bleuté, comprend les trois timbres suivants : 1 penny, vermillon ; 2 pence, violet ; 3 pence, vert pâle. Ils n'ont pas non plus de filigrane.

Le troisième tirage, sur papier blanc, porte en filigrane un gros chiffre. Il comprend trois variétés : 1 penny, vermillon ; 2 pence, bleu ; 3 pence, vert. Le chiffre du filigrane indique la valeur correspondante du timbre en pence. Tous ces timbres sont non dentelés.

Tous les timbres qui suivent, dentelés ou non dentelés, sont sur papier blanc et portent tous en filigrane un gros chiffre correspondant à la valeur. Nous tenons de l'obligeance de M. Mahé un shilling brique, avec le chiffre 8 en filigrane. Le shilling porte d'ordinaire le chiffre 12 (1 shilling égale 12 pence), et deux 6 p. également avec les chiffres 8 et 5 en filigrane.

Le timbre de 5 shillings porte en filigrane un 5 sur-

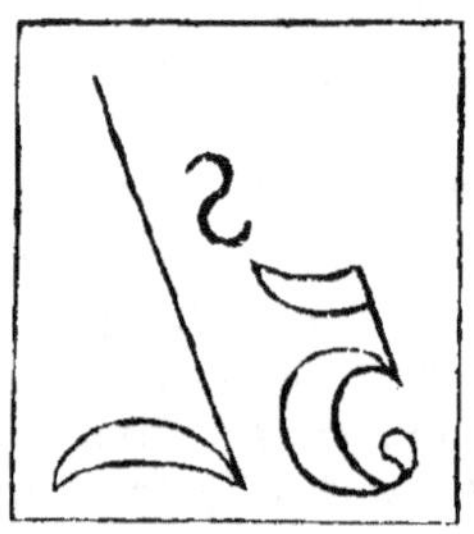

monté de la lettre S, avec une ligne oblique sur le côté.

Le 1 penny rouge pâle dans un cadre carré est le seul de cette série avec un chiffre maigre. (Voir *Victoria*.) Le timbre de 1 penny sur papier glacé (portrait dans un ovale), émis en 1864, porte un chiffre maigre ; quelques

exemplaires sont sur papier uni; le 2 pence, émis en 1862,
qui avait primitivement un gros chiffre en filigrane, a
présenté longtemps un chiffre maigre. On le trouve maintenant sur papier uni sans filigrane. Nous avons vu une
épreuve de ce timbre imprimée par erreur sur le papier
mi-blanc du 5 pence vert actuel portant en filigrane un
gros chiffre 5, et une autre avec le chiffre 3. Quant aux
timbres registered, les premiers n'ont pas de chiffre en
filigrane. Nous avons aperçu seulement partie du mot
South, fragment probable d'une inscription sur un registered orange non dentelé.

Nous ne savons pour quel motif l'auteur de l'article
que nous citons n'a pas cru devoir mentionner un registered bleu et rouge franc non dentelé. Celui que nous
possédons dans notre collection diffère du dentelé par
la consistance du papier, la vivacité des couleurs et par
quelques détails dans le dessin qui en font un timbre
bien distinct.

Sur un registered bleu et rouge pâle, dentelé, qui nous
a été remis ces jours derniers, on trouve en filigrane le
gros chiffre 6. Nous ne savons si ce chiffre est destiné
à rappeler la valeur réelle du timbre, ou s'il est dû à
l'emploi accidentel (peut-être raisonné?) du papier destiné à l'impression du 6 pence. Ce qui nous porte à émet-
tre cette opinion, c'est que les chiffres 6 du papier sont
à 27 millimètres, distance égale à celle que présentent
les bords correspondants de deux timbres de 6 pence,
celle des timbres registered n'étant que de 21 millimètres.

Les timbres d'un penny pour bandes de journaux présentent une disposition nouvelle du filigrane, qui vient de
nous être signalée. La feuille comprend huit timbres sur
deux rangées parallèles pour autant de bandes de journaux. Le papier est un papier vergé très-fort et tout à
fait semblable à celui de nos timbres de dimension. Sur
l'un des côtés, on trouve un filigrane formant un tout
complet par la réunion des quatre bandes, l'autre côté
n'en portant pas; ce qui fait qu'on trouve des bandes avec

ou sans filigrane. Ce dernier, d'environ 5 centimètres de hauteur, consiste dans deux lignes ornées formant les côtés supérieur et inférieur, entre lesquels on trouve les

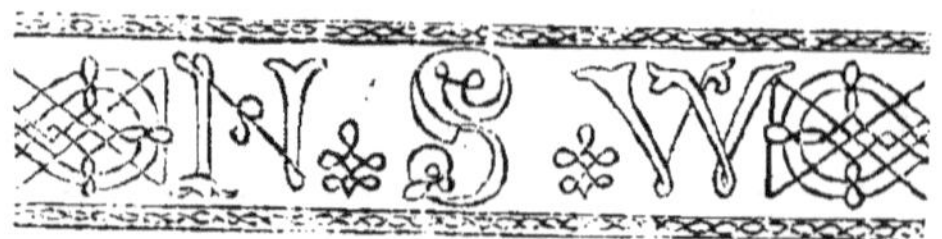

lettres N. S. W. ornées. Le surplus se trouve rempli par des tresses.

Nous ne pensons pas que tous les timbres de ce type, pour bandes de journaux, aient été tirés sur le même papier, car nous possédons un de ces timbres, coupé, sur papier mécanique gris blanc.

Queensland. — Le premier tirage en 1861 de l'unique série porte en filigrane une étoile (Voir *Sainte-Hélène*), au moins pour les timbres dentelés. Il en est probablement ainsi des timbres non dentelés. Le registered porte aussi ladite étoile.

Un autre tirage de 1863, à couleurs plus claires et imprimé sur papier blanc, ne porte pas de filigrane. Le registered manque dans cette série. En 1865, les 1, 2, 6 p. et registered ont été imprimés sur papier à étoile, tandis que le 4 p. lilas de 1866 est sur papier uni.

M. Moens a signalé sur le 2 p. bleu un nouveau filigrane formé de lignes courbes, dont la nature n'a pas encore été déterminée. Nous supposons que ce sont les armes de la colonie.

Australie du Sud. — Tous les timbres de ce pays émis depuis 1861, dentelés ou non dentelés, et quelque variée que soit la couleur pour le même timbre, portent en filigrane une étoile. (Voir *Sainte-Hélène.*) Ici, les tirages successifs doivent être établis d'après la gamme des couleurs.

Australie occidentale. — Tous les timbres de ce pays, quelle que soit la date ou le dessin, portent en filigrane un cygne très-semblable à celui de l'impression. Ce filigrane répond quelquefois exactement à l'impression, ce qui augmente la difficulté de le reconnaître. D'autres fois, le filigrane est disposé perpendiculairement à l'impression. Souvent c'est si peu sensible qu'on est tenté de croire qu'il n'existe pas.

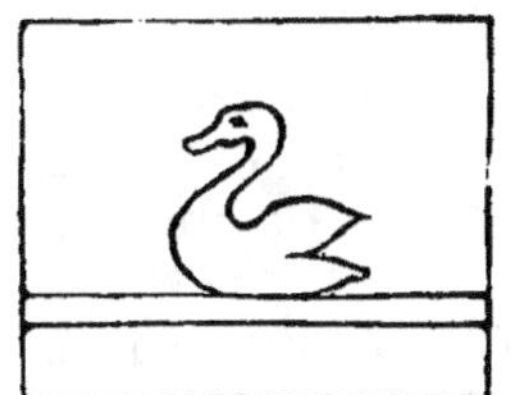

La nouvelle série de ces timbres en cours d'émission diffère des précédentes par la couleur et par le filigrane. Si l'on retrouve le cygne sur le 1 penny au moins pour les premiers exemplaires, on trouve les deux C surmontés de la couronne. (Voir *Malte* pour tous les timbres de la série.) Cette circonstance est de la plus haute importance pour le 4 pence, car jointe à une légère différence de teinte, à la présence de dentelures par piquage, elle permet de le distinguer d'un ancien 4 pence carmin non dentelé ou dentelé à la roulette et qui, comme les timbres de cette époque, doit avoir un cygne en filigrane. Ce dernier timbre doit être probablement un essai.

Terre de Van-Diémen ou *Tasmanie.* — La première série, composée de 1 penny bleu et 4 pence orange, ne contient pas de filigrane.

La deuxième série (portrait de la reine de face), émise en 1860, présente un premier tirage sur papier mi-blanc avec une étoile : 1 penny, rouge foncé ; 2 pence, vert foncé ; 4 pence, bleu foncé ; un second tirage, qui nous a paru sans filigrane ; le troisième tirage porte en filigrane un gros chiffre correspondant à la valeur du timbre. Le 1 shilling porte le chiffre 12 (12 pence).

Nouvelle-Zélande. — Le type de l'unique série de ce pays a été tiré sur plusieurs espèces de papier, ce

qui sert à établir un nombre assez considérable de tirages.

Le premier en date, d'après tous les catalogues, a été
tiré sur papier bleuté. Il comprend trois timbres : 1 penny,
rouge ; 2 pence, bleu ; 1 shilling, vert. Ces timbres n'ont
pas de filigrane.

Nous plaçons immédiatement après un tirage sur papier blanc, épais, sans filigrane et composé de quatre
timbres : 1 penny, rouge saturne ; 2 pence, bleu pâle ;
6 pence, fauve ; 1 shilling, vert bleuâtre.

Vient ensuite un tirage, probablement en 1860, sur
papier mi-blanc, portant en filigrane une étoile et composé de cinq valeurs : 1 penny, vermillon ; 2 pence, bleu ;
3 pence, violet ; 6 pence, brun ; 1 shilling, vert jaune. Il
existe plusieurs variétés de tous de la couleur. Du même
tirage existent le 2 pence, bleu clair, le 6 pence, brun,
et le 1 shilling, vert, toujours avec une étoile en filigrane.

Peut-être faudrait-il placer avant un tirage sur papier
pelure comprenant le 2 pence bleu violacé émis en 1863,
un 6 pence brun, tous deux non dentelés, et le 1 shilling
dentelé à la roulette et piqué. Le papier de ce dernier est
bleuâtre au revers. Ce timbre a été très-anciennement
en service. Ce groupe n'a pas de fili-
grane.

Enfin, les derniers timbres parus, fin
1864 ou 1865, portent en filigrane N Z,
New-Zealand, nom anglais du pays.
Nous connaissons de cette série : 1 penny, vermillon ; 2 pence, bleu clair ;
6 pence, brun rouge, et le shilling vert.

Iles Sandwich. — Pas de filigrane, mais seulement des
papiers bleutés ou blancs et une impression bleue ou
noire pour distinguer les tirages successifs des grands
chiffres. Les deux variétés carmin et rose pâle du timbre
à l'effigie de **Kamebameha IV**, et quelques exemplaires des
chiffres 1 et 2, noirs, sont sur papier vergé.

Les timbres des *possessions anglaises* de l'Amérique
du Nord (Ile Vancouver, Nouveau-Brunswick, Nouvelle-
Ecosse, Canada et Ile-du-Prince-Edouard) n'ont pas de
filigrane. Toutefois le 3 pence spécial à la Colombie britannique et les 5 et 10 cents de Vancouver portent en filigrane CC et couronne. La première série du Nouveau-
Brunswick et de la Nouvelle-Ecosse est sur papier bleuté.
Les essais sont sur papier pelure.

Le Canada présente sur ses enveloppes une disposition
analogue à celle que nous indiquerons plus loin pour les
Etats-Unis. Seulement la légende est ainsi disposée $_{\mathrm{POD}}^{\mathrm{Ca}}$
reproduite suivant une ligne diagonale, et le nombre
des lignes obliques qui séparent les rangées de lettres-
légende est au moins de six au lieu de deux. Les lettres
Ca. POD représentent Canada Post Office Department, ce
qui signifie : Canada, Département de l'office des Postes.

Ile de Terre-Neuve. — Nous avons vu sur notre timbre de 3 pence triangulaire des traces de filigrane que
nous rapportons à un bouquet de fleurs héraldiques,
mais qu'il nous a été impossible de reproduire. Nous
n'avons pas retrouvé ces traces sur les autres exemplaires du 3 pence que nous avons pu nous procurer.

Le 1 penny et 5 pence ont été tirés primitivement sur
papier mi-blanc sans filigrane. — Le 5 p. l'a été ensuite
sur un papier plus fin qui laisse voir le dessin au travers
et diffère notablement de couleur.

Les deux séries vermillon et carmin des autres timbres
n'ont pas de filigrane, non plus que ceux de la série
de 1866.

Etats-Unis d'Amérique. — Aucun timbre des Etats-
Unis ne contient de filigrane. Tous sont sur papier
blanc. Mais la perfection du dessin si remarquable n'est-
elle pas le plus grand obstacle à la reproduction de ces
timbres ?

Les enveloppes américaines ont été fabriquées avec un
papier qui offre en filigrane les dispositions suivantes :

Une première ligne contient les lettres majuscules d'imprimerie P. O. D. Une deuxième les lettres U S. La même

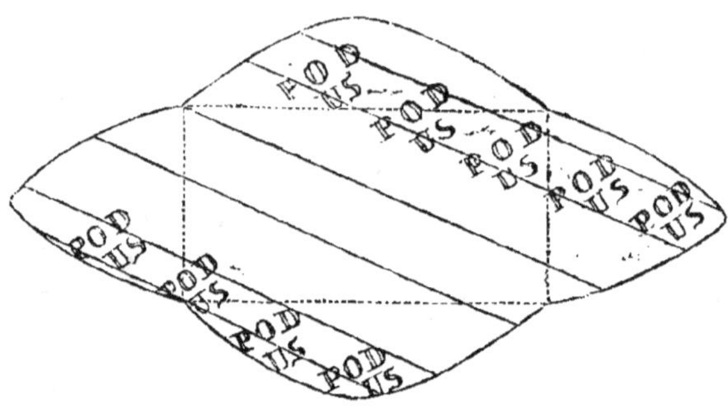

inscription se trouve reproduite un centimètre au-dessous et suivant une ligne oblique, et cela jusqu'à la fin du papier. Deux lignes obliques tracées dans le même sens passent, l'une sur l'emplacement occupé par les lettres P et U, l'autre par la lettre D de toutes les inscriptions successives.

Deux autres lignes séparent la rangée de légende que nous venons d'indiquer d'une autre rangée absolument pareille, et ainsi de suite. C'est dans ce papier qu'on a découpé l'enveloppe, et l'on comprend comment les hasards du découpage font subir à l'inscription des mutilations faciles à expliquer. Ce filigrane se trouve sur les papiers blancs comme sur les papiers jaunes. L'explication est la même que pour le Canada. Les lettres U. S. représentent United States (Etats-Unis). Le 3 p. rose sur papier azur de la 3e émission, sur feuille entière avec patte, ne présente qu'une seule fois au milieu l'inscription P. O. D. U. S. Nous signalerons en outre, dans l'intérieur de l'enveloppe de 4 cents (1 et 3), trois barres noires de 7 cent. de long et espacées de 12 millim., imprimées en typographie; au talon, et en travers de ces trois barres, on lit : Pat. Nov. 1855, qu'il faut traduire : *Par autorisation, novembre 1855.*

Nous avons négligé pour le moment l'étude des offices

particuliers des Etats-Unis sous le rapport des filigranes. La rareté des vrais timbres, le grand nombre et le peu d'authenticité de ceux indiqués comme timbres d'offices nous les font mettre de côté pour le moment, laissant à une autre époque le soin d'élucider cette question.

Etats-Confédérés. — Pas de filigrane, tous imprimés sur papier blanc, sauf quelques **Blockade Postge.**

Mexique. — Il n'y a pas non plus de filigrane. La deuxième série est imprimée sur papier de couleur. Les timbres à l'aigle et la 2e série à l'effigie de Maximilien Ier sont imprimés sur papier fort et teinté du côté de l'impression par suite du mauvais essuyage de la planche.

République de Saint-Domingue. — Les timbres sont sur papier de couleur. Pour la seconde, le papier est vergé.

Antilles anglaises. Bermudes. — Les timbres sont sur papier avec CC couronné. (Voir *Malte.*)

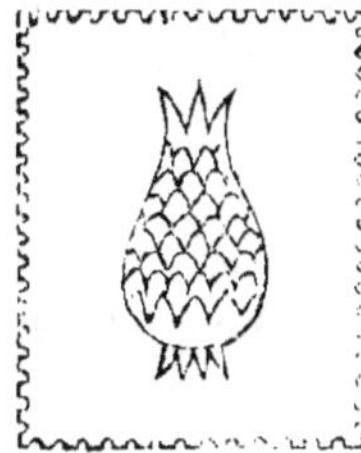

La Jamaïque. — Les timbres de ce pays, émis en 1860 sur papier glacé, portent en filigrane un ananas, un des emblèmes de l'armoirie du pays. On le retrouve sur le 3 pence émis en 1864. Du reste, la teinte de la couleur de ces timbres n'a pas varié, sauf en intensité.

Ile de Nevis. — Ces timbres, si remarquables par la finesse du dessin, sont imprimés sur papier mi-blanc et n'ont pas de filigrane. On rencontre des 1 et 4 pence azurés.

Ile d'Antigoa. — Les deux timbres sont sur papier mi-blanc et portent une étoile (Voir *Sainte-Hélène*) en filigrane.

Ile de Sainte-Lucie. — Le type des timbres de ce pays n'a pas varié, mais le changement radical des couleurs et l'augmentation du nombre des timbres les font distinguer en deux séries :

Dans la première, composée de trois timbres, rouge, bleu et vert, nous trouvons deux tirages bien distincts, non-seulement par le ton de la couleur, mais encore par le filigrane. Le premier tirage (1859), rouge brun, bleu et vert jaunâtre, a pour filigrane une étoile. (Voir *Sainte-Hélène.*) Le second tirage (1863), rouge carminé, bleu foncé et vert-de-gris, a pour filigrane deux C surmontés de la couronne royale. (Voir *Malte.*)

C'est ce dernier filigrane qu'on trouve sur les quatre timbres de la deuxième série émise il y a quelques mois.

Saint-Vincent. — Les quatre timbres sont sur papier mi-blanc sans filigrane, ou du moins indéchiffrable.

Grenade. — Nous en avons trouvé un tirage sans filigrane et un avec une étoile. (Voir *Sainte-Hélène.*) Les couleurs varient à peine. Nous pensons que celui-ci est le dernier, car le nouveau 6 p. vermillon est à étoile.

Ile Barbade. — Pas de filigrane.

Le premier tirage des timbres sans valeur est sur papier bleuté (1852).

Ile de la Trinité. — Les timbres à dessin grossier sont sur papier très-fin sans filigrane. Le premier tirage des timbres sans valeur écrite est sur papier bleuté (1854). Le deuxième a eu lieu sur papier blanc sans filigrane.

Tous les tirages des timbres avec valeur dans le bas, qu'ils soient dentelés ou non dentelés, n'ont pas de filigrane. C'est d'après la nuance qu'on doit les distinguer. Tous sont sur papier mi-blanc. Ceux qui sont actuellement en service nous arrivent avec le double C surmonté de la couronne en filigrane. Nous avons trouvé le 4 pence violet clair, le 6 pence vert et le 1 shilling mauve. Le rouge sans valeur ne tardera sans doute pas à être émis.

Iles Vierges. — Papier uni.

Ile Bahama. — Le premier tirage de la série unique est imprimé sur papier mi-blanc sans filigrane. Le tirage de 1863, y compris le nouveau timbre de 1 shilling vert, porte en filigrane le double C surmonté de la couronne.

Confédération Grenadine. — Tous les timbres sont imprimés sur papier blanc sans filigrane. La première série (gros chiffre) présente seulement un 5 centavos lilas sur papier vergé. Dans la deuxième série (petit chiffre-étoile), le peso se trouve sur papier blanc et sur papier azuré. Il en est de même dans la quatrième (oct., 9 étoiles). Dans la cinquième (couronne de neuf étoiles, dessin en couleur, pas de coins ornés), nous avons trouvé un 10 centavos bleu et un 50 centavos vert sur papier azuré. Les sobre-porte sont sur papier de couleur.

Honduras britannique. — Filigrane peu apparent CC et couronne. (Voir *Malte.*)

Venezuela, Costa-Rica. Nicaragua, Equateur. — Pas de filigrane. Tous imprimés sur papier blanc.
Quelques timbres (en centavos) de l'office Robert Todd sont sur papier de couleur.

Guyane anglaise. — Laissons de côté les timbres introuvables des trois premières séries. Celles de 1853, 1860 et 1863 sont sur papier blanc sans filigrane. M. Baillieu nous a montré quelques timbres de 1 cent. noir, sur papier portant une inscription en filigrane, formée par des lettres majuscules d'imprimerie. D'après les recherches qu'il a bien voulu nous communiquer, ce sont les mots :

T. H. SAUNDERS
1863

ainsi disposés, qui constituent ce filigrane. La feuille étant de 100 timbres, 10 sur 10, c'est sur les 7ᵉ, 8ᵉ et 9ᵉ rangées que se trouvent ces mots qui sont la marque du fabricant de papier. Les timbres destinés aux journaux sont imprimés en noir, sur papier de couleur, sans filigrane.

Brésil. — Tous les timbres sont imprimés sur papier blanc sans filigrane. Les chiffres italiques sont aussi sur papier azuré.

Pérou. — Pas de filigrane.

Chili. — Les plus anciens timbres du 5 centavos et, dit-on, du 10 centavos sont sur papier bleuté. Ces timbres et les quatre timbres actuels portent en filigrane un chiffre de moyenne dimension correspondant à leur valeur.

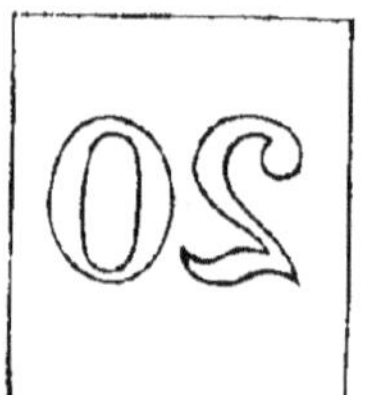

Il y a de légères différences dans la grandeur du chiffre, notamment pour le 5 centavos.

Parmi les timbres du *Pacific Steam Navigation Company*, nous avons trouvé le 1/2 oz. 1 réal, carmin et le 1 oz. 2 réales bleu sur papier vergé blanc. Les deux autres timbres et les essais connus sont sur papier non vergé, blanc.

Les timbres de Montevideo ou de la République orientale de l'Uruguay sont sur papier blanc sans filigrane. Ceux de Buenos-Ayres sont également sans filigrane, mais dans la série à la tête de la Liberté, le rouge est sur papier jaunâtre, et le 4 réales vert sur papier bleuté.

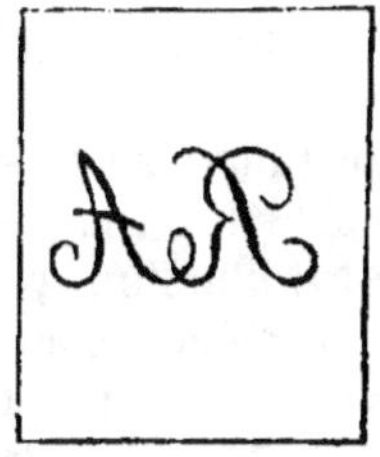

République Argentine. — Les deux premières séries sont sans filigrane, imprimées en couleur sur papier blanc. La série à l'effigie de Rivadavia est sur papier blanc, et porte en filigrane les deux lettres R. A. liées ensemble en écriture anglaise.

Les timbres de Corrientes sont imprimés sur papier de couleur.

IV

CONCLUSION.

Nous voici parvenu au terme de notre travail. Nous avons indiqué successivement dans chaque pays toutes les particularités importantes que fournit l'examen du papier et des filigranes. Nous avons rapproché les timbres qui se ressemblent par ces caractères, et nous les avons groupés sous le nom de tirages. Abordons maintenant les conclusions générales que peut fournir cet examen.

Et d'abord nous croyons avoir démontré combien cette étude est intéressante et offre d'importance. Aujourd'hui tout amateur sérieux et désireux de former une collection complète ne pourra se dispenser de tenir compte des filigranes. Car ce caractère établira souvent une différence entre deux timbres.

Une différence dans la teinte de la couleur et à plus forte raison un changement de couleur indiquant presque toujours un changement dans le filigrane, on ne sera plus fondé à critiquer ceux qui font les nuances, puisque ce n'est plus bien souvent un simple effet du hasard ou du plus ou moins de couleur employée.

L'addition d'un timbre nouveau à la série est souvent l'occasion d'un changement dans le papier, le ton des couleurs ou le filigrane. Il faudra donc examiner spécialement les timbres de la même époque, ou ceux qui viendront immédiatement après.

Le papier avec ou sans filigrane, complétant les autres sources d'information, permet de rapprocher les timbres d'une même série tirés à la même époque. Il n'indique pas pour cela que ces timbres ont été émis en même temps. En effet, étant donné l'approvisionnement d'une série de timbres, tous ne sont pas d'un usage aussi fréquent. Par suite, il est facile d'admettre que le timbre épuisé sera remplacé soit par un timbre au même papier et au même filigrane, mais de ton souvent différent, soit par une autre variété différant par l'un de ces caractères. C'est par là que s'explique comment on ne trouve qu'un ou deux timbres d'une série avec un genre de filigrane, ou comment les timbres d'un tirage nouveau ne sont émis que successivement et à de longs intervalles, les premiers étant épuisés lorsque les derniers ne font que paraître. Les timbres de Ceylan nous en ont fourni un exemple.

Il est plus difficile d'expliquer la présence de deux sortes de filigranes dans les timbres d'une série nouvelle, émis simultanément, comme dans la série de l'Australie occidentale de 1865. Faut-il admettre la nécessité d'employer le restant d'un approvisionnement de papier ? Nous sommes porté à le faire. La suite nous montrera si notre prévision est juste. Nous devons toutefois reconnaître que cette circonstance, si elle n'est pas connue, pourra quelque jour causer de l'embarras aux collectionneurs de l'avenir. Peut-être avons-nous par cette cause commis quelque erreur involontaire.

Si le filigrane ou le papier peuvent indiquer l'époque du tirage, la présence ou l'absence de dentelures, l'espèce de dentelure, serviront plutôt à établir la date et la simultanéité de l'émission. Mais il n'y a rien d'absolu à cet égard et l'on voit fréquemment les mêmes timbres exister tour à tour avec ou sans dentelure sans qu'on puisse l'expliquer. Ce fait n'a-t-il pas été observé sur le 6 pence de Sainte-Hélène ?

Il serait intéressant de rechercher l'époque du tirage

des timbres à filigranes différents, et celle de l'émission. Nous l'avons indiqué très-souvent, mais ce travail n'est pas toujours possible. La date de l'émission du timbre n'indique qu'approximativement celle du tirage. On a noté l'époque de l'émission des types principaux, mais on a négligé celle des variétés qui nous occupent, surtout pour les anciens timbres. Cependant, en comparant entre elles celles des dates qui nous sont connues, et pour les colonies anglaises qui ont employé le même filigrane, nous sommes arrivé au résultat suivant, que nous donnons sous toutes réserves.

1° Les papiers bleutés existent généralement à l'origine des timbres d'un pays. Quelques catalogues en indiquent en 1851 et 1852.

2° Les papiers blancs épais, et les papiers vergés les suivent, soit l'un, soit les deux successivement.

3° Les timbres à l'étoile ont été tirés de 1857 à 1861. L'usage en a continué jusqu'à présent pour certains pays.

4° Les timbres sur papier mi-blanc sans filigrane sont de 1861 à 1863.

5° Les timbres aux deux C surmontés de la couronne sont de 1863 et 1864. L'usage en a continué en 1865.

6° Les timbres à gros chiffres doivent dater de 1860 environ : les petits chiffres ont commencé à les remplacer dès 1862.

Toutefois, il n'y a rien d'absolu dans cette indication. Les pays qui ont un filigrane spécial, ou bien ont adopté le dernier filigrane (deux C surmontés de la couronne), comme l'Australie occidentale, ou bien ont remplacé l'ancienne étoile par un filigrane spécial (NZ, Nouvelle-Zélande); la Jamaïque a conservé son ananas.

Les pays qui ont les timbres d'un dessin des plus parfaits n'ont en général pas de filigrane. Il y a pourtant une grande exception tirée des timbres anglais, dont le dessin ne laisse rien à désirer. Par contre, les timbres rudimentaires de Liberia, de Corrientes et de la Nouvelle-Calédonie n'ont pas de filigrane.

Enfin si quelques timbres lithographiés ont été tirés

sur papier vergé, aucun, à notre connaissance, ne l'a été sur papier à filigrane. Le filigrane se trouve presque toujours avec les timbres imprimés en typographie, plus rarement sur ceux imprimés en taille-douce.

Tel est, d'après nos recherches, le relevé exact des filigranes et des diverses espèces de papier employés à la fabrication des timbres-postes. Nous soumettons ce travail avec confiance à l'appréciation de tous les timbrophiles.

Puissent-ils nous octroyer leur suffrage pour le seul mérite que nous ambitionnons, celui d'avoir fait un travail de patience et d'observation !

LE TIMBROPHILE

—

1re ANNÉE

SOMMAIRE DES DOUZE PREMIERS NUMÉROS.

Nos 1. A nos lecteurs. — Les timbres nouveaux. — Des collections neuves, oblitérées. — Historique des timbres italiens. — Des timbres administratifs. — Essai apocryphe. — Sur les timbres de Buénos-Ayres. — Histoire d'un sous-titre. — Une fantaisie anglaise.

2. Les timbres nouveaux. — Nouvelles choses, nouveaux noms. — Les timbres oblitérés. — Deux timbres peu connus. — Lettres d'Italie. — Historique des postes en Angleterre. — Les timbres faux. — Les plus belles étrennes. — Correspondance.

3. *Le Timbrophile* à ses abonnés. — Notre nouvel entête. — Les timbres nouveaux. — Des timbres neufs et oblitérés. — La timbrophilie. — Les timbres de sûreté. — Timbres interpostaux de Bavière. — Les timbres oblitérés. — Le concours belge de 1864. — Une bonne œuvre. — Correspondance.

4. Les timbres nouveaux. — Lettres d'Italie. — La sainte croisade. — Des timbres neufs et oblitérés — Une réhabilitation. — Une variété d'Oldenbourg. — Nouvelles inventions. — Sur les essais et les timbres dentelés. — Correspondance.

—

(2ᵉ ANNÉE)

SOMMAIRE DES NUMÉROS 13 A 24.

19. Les timbres nouveaux. — Le vieux-neuf. — Rigi Kaltbad. — Timbre avec faute. — Réimpression. — Prix-courant.

20. Les timbres nouveaux. — Le vieux-neuf. — Les timbres-télégraphes. — Vol de timbres-postes. — Les Postes chez les anciens. — Prix-courant.

21. Les timbres nouveaux. — Timbres de Natal. — Les timbres vénitiens. — Encore les timbres de Maurice. — Réponse du Dr Magnus. — Les Postes chez les anciens. — Collection H... — Prix-courant.

22. Les timbres nouveaux. — La poste et la guerre. — Chiffres-taxes. — Le soi-disant chiffre-taxe-affiche. — Factums. — Office de Hambourg. — Prix-courant. — Album Lallier.

23. Les timbres nouveaux. — Timbre de Finlande. — La boîte aux lettres de la mer. — Revue de la 4e édition du Catalogue illustré des timbres-postes. — La poste et la guerre. — Le vieux-neuf. — Timbre de franchise. — Correspondance. — Prix-courant.

24. Les timbres nouveaux. — Affranchissements en Allemagne. — Les timbres de Finlande. — Le 1 penn noir d'Angleterre. — Tribunaux. — Prix-courant. — Réabonnement à la 3e année du *Timbrophile*. — Annonces.

———

Prix : 1re année. 12 numéros. . . . . 3 fr.
     2e — 12 . . . . 2 fr.
     3e — En publication. . . . . . 2 fr.

Étranger. port en sus.

Paris. — Typ. de Ch. Meyrueis, rue Cujas, 13. — 1867.

BIBLIOTHÈQUE DES TIMBROPHILES

—

EN PRÉPARATION :

Guide-Manuel du Timbrophile. 4ᵉ édition.
Diverses Monographies.
De l'arrangement des Collections. Etc., etc.

—

LE TIMBROPHILE

JOURNAL DE LA COLLECTION TIMBRO-POSTALE

TROISIÈME ANNÉE

8 pages in-4° illustrées, le 15 de chaque mois.

*Prix, avec prime : Un an, pour la France, 2 francs.
Étranger, port en sus.*

Première année, 12 numéros . . . . . 3 fr.
Deuxième — 12 — . . . . . 2 fr.

—

TIMBRES-POSTES POUR COLLECTIONS

—

TIMBRES RARES, ESSAIS

—

ALBUMS TIMBRES-POSTES

—

ARMOIRIES ; PORTRAITS DES SOUVERAINS

—

FLEURS TIMBROPHILIQUES

Paris. — Typ. de Ch. Meyrueis, rue Cujas, 13. — 1867.